南大亚太译丛

生活与命运

普里马科夫传

〔俄〕安德列耶夫 波尔久戈夫 雷巴科夫 著
李冠群 译

Евгений
Максимович
Примаков
судьба и эпоха

南京大学出版社

Евгений Максимович Примаков: судьба и эпоха
© Д. А. Андреев, Г. А. Бордюгов, А. М. Рыбако
Simplified Chinese translation copyright © 2020 by NJUP
All rights reserved.
江苏省版权局著作权合同登记　图字：10-2020-525号

图书在版编目(CIP)数据

生活与命运：普里马科夫传／（俄罗斯）安德列耶夫，（俄罗斯）波尔久戈夫，（俄罗斯）雷巴科夫著；李冠群译. —南京：南京大学出版社，2020.11（2023.3重印）
（南大亚太译丛／石斌主编）
ISBN 978-7-305-23811-6

Ⅰ.①生… Ⅱ.①安…②波…③雷…④李… Ⅲ.①普里马科夫（1929—2015）-传记 Ⅳ.①K835.127=536

中国版本图书馆CIP数据核字(2020)第178146号

出版发行	南京大学出版社	
社　　址	南京市汉口路22号　邮　编　210093	
出版人	金鑫荣	
丛书名	南大亚太译丛	
丛书主编	石斌	
书　　名	**生活与命运：普里马科夫传**	
著　　者	［俄］安德列耶夫、［俄］波尔久戈夫、［俄］雷巴科夫	
译　　者	李冠群	
责任编辑	官欣欣	
照　　排	南京紫藤制版印务中心	
印　　刷	江苏苏中印刷有限公司	
开　　本	880×1230　1/32　印张5.75　字数120千	
版　　次	2020年11月第1版　2023年3月第2次印刷	
ISBN	978-7-305-23811-6	
定　　价	59.00元	

网　　址：http://www.njupco.com
官方微博：http://weibo.com/njupco
官方微信：njupress
销售咨询热线：(025)83594756

* 版权所有，侵权必究
* 凡购买南大版图书，如有印装质量问题，请与所购
　图书销售部门联系调换

主　　办　南京大学亚太发展研究中心

学术委员会（以姓氏拼音排列）
蔡佳禾（南京大学中美文化研究中心）
蔡永顺（香港科技大学人文社会科学学院）
陈志敏（复旦大学国际关系与公共事务学院）
樊吉社（中国社会科学院美国研究所）
洪银兴（南京大学商学院）
孔繁斌（南京大学政府管理学院）
沈志华（华东师范大学周边国家研究院）
石　斌（南京大学亚太发展研究中心）
石之瑜（台湾大学政治学系）
时殷弘（中国人民大学国际关系学院）
孙　江（南京大学学衡研究院）
王月清（南京大学哲学系）
阎学通（清华大学国际关系研究院）
张凤阳（南京大学政府管理学院）
朱庆葆（南京大学历史学院）

编辑委员会：
主　编：石　斌
副主编：李里峰　毛维准
成　员：祁玲玲　舒建中　赵光锐　吴小康　宋文志

总　序

"南京大学亚太发展研究中心"于2016年夏初创设并渐次成长,得"南京大学亚太发展研究基金"之专项全额资助,实乃一大助缘、大善举;众多师友、同道的鼓励、扶持乃至躬身力行,同样厥功至伟。

此一学术平台之构建,旨在通过机制创新与成果导向,以国际性、跨国性与全球性议题为枢纽,将人文社会科学诸领域具有内在关联之学科方向、研究内容与学术人才,集成为国际关系、国家治理、经济发展、社会文化等多个"研究群",对大亚太地区展开全方位、多层次、跨学科研究,并致力于承担学术研究、政策咨询、人才培养、社会服务与国际交流等功能。

所谓"亚太",取其广义,乃整个亚洲与环太平洋地区之谓。不特如此,对于相关全球性问题的关切,亦属题中之义。盖因世界虽大,却紧密相连。值此全球相互依存时代,人类命运实为一荣损相传、进退同步之共同体,断难截然分割。面对日益泛滥的全球性难题,东西南北,左邻右舍,各国各族,除了风雨同舟,合作共赢,又岂能独善其身,偷安苟且?所谓"发展",固然有"政治发展"、"经济发展"、"社会发展"等多重意蕴,亦当有"和平发展"

与"共同发展"之价值取向,其理亦然。

吾侪身为黉门中人,对于大学之使命,学人之天职,理当有所思虑。故欲旧话重提,在此重申:育人与问学,乃高等教育之两翼,相辅相成,缺一不可。大学之本是育人,育人之旨,在"养成人格",非徒灌输知识、传授技能;大学之根是学问,学问之道,在"善疑、求真、创获"。二者之上,更需有一灵魂,是为大学之魂。大学之魂乃文化,文化之内核,即人文价值与"大学精神":独立、开放、理性、包容、自由探索、追求真理、秉持理想与信念。大学之大,盖因有此三者矣!

南京大学乃享誉中外之百年老校,不独底蕴深厚、人文荟萃,且英才辈出、薪火相续。于此时代交替、万象更新之际,为开掘利用本校各相关领域之丰厚学术资源,凝聚研究团队,加强对外交流,促进学术发展,展示亚太中心学术同仁之研究成果与学术思想,彰显南京大学之研究水平与学术风格,我们在《南大亚太评论》、《现代国家治理》、《人文亚太》、《亚太艺术》等学术成果已相继问世的基础上,决定再做努力,编译出版《南大亚太译丛》。

海纳百川,有容乃大。自设门户、画地为牢,绝非智者所为。所谓"智者融会,尽有阶差,譬若群流,归于大海",对于任何社会政治现象,唯有将各种研究途径所获得的知识联系起来,方能得到系统透彻的理解,否则便如朱子所言,"见一个事是一个理",难入融会贯通之境。办教育、兴学术,蔡元培先生主张"囊括大典,网罗众家,思想自由,兼容并包"。《译丛》的编译,亦将遵循此种方针。

故此,《译丛》之内容,并不限于一般所谓国际问题论著。全球、区域、次区域及国家诸层面,内政外交、政治经济、典章制度

总　序

与社会文化诸领域的重要议题，都在讨论范围之内。举凡个人专著、合作成果、优秀论文、会议文集，乃至特色鲜明、裨利教学的精品教材，海外名家、学术前沿的迻译之作，只要主题切合，立意新颖，言之有物，均在"网罗"、刊行之列。此外我们还将组织撰写或译介各种专题系列丛书，以便集中、深入探讨某些重要议题，推动相关研究进程，昭明自身学术特色。

要而言之，南京大学亚太发展研究中心所执守之学术立场，亦即《译丛》之编译旨趣：一曰"本土关怀，世界眼光"；再曰"秉持严谨求实之学风，倡导清新自然之文风"；三曰"科学与人文并举，学术与思想共生，求真与致用平衡"。

一事之成，端赖众力。冀望学界同仁、海内贤达继续鼎力支持、共襄此举，以嘉惠学林，服务社会。值出版前夕，爰申数语，以志缘起。

石　斌
2018年元旦于南京

目 录

前言 // I
引言 // i
一 道路的起始 // 001
二 驻中东记者的使命 // 005
三 身处苏联的"智力托拉斯":分析与外交 // 010
四 学以致用的东方学:调停和处理中东地区的冲突
// 019
五 改革与新思维的震中 // 024
六 已崩塌的两极世界 // 031
七 国家动荡时期的俄罗斯对外情报局局长:间谍与外交家 // 040
八 登上斯摩棱斯克广场的顶峰 // 058
九 同北大西洋公约组织间的新关系 // 062
十 普里马科夫理论在实践中的应用 // 072
十一 仕途的顶点:反危机工作负责人 // 083

十二 国家主权与地缘政治合法性的考验 // 100

十三 退休，但不离开大政治 // 104

十四 从政治家到政治思想领路人 // 111

十五 普里马科夫思想对 21 世纪的意义 // 124

    关于企业、所有制与私有化 / 125

    关于法制建设 / 127

    关于多极化 / 128

    关于政治思想 / 132

    关于自由主义 / 133

    关于国家 / 135

    关于现代化 / 138

    关于后苏联空间 / 140

    关于领土争端 / 143

    关于苏联崩溃 / 143

    关于联邦制 / 145

十六 普里马科夫的教益（暨结语） // 148

译后记 // 154

前　言

在苏联和俄罗斯的历史上，叶甫根尼·马克西莫维奇·普里马科夫已成为各类研究著作和回忆录中最具工作能力的国务活动家的代名词。他那百科全书般的知识以及极其丰富的政治经验，在国家因日积月累的问题而遇到重大威胁之时发挥出了重要的作用；他在帮助国家摆脱困境之时，显示出了极强的应变能力，沉着且较为平缓准确地解决了当时所面临的问题，实现了社会的正常化。除此之外，普里马科夫并不仅仅只是打算处理好当下的危机而已，他还致力于从根本上消除危机带来的隐患，让国家能够避免再次因为同样的问题而遭遇危机。

在撰写国务活动家的传记，尤其当传主是这位身负反危机使命的伟大人物时，切忌只是单单描述他在某一复杂情况下的事迹或是其仕途升迁的历程。如果是那么简单的话，本书的书名不妨定为《专业的拯救者》，或者可以说得更直白一些——《反危机专家》，毕竟这段经历一直为全社会所熟知。

叶甫根尼·马克西莫维奇这一生，尤其是在有关苏联走向的理论尚不成熟的那段时间里，他获得了充分展示自己作为一个国务活动家能力的机会。在回忆这一段过往的时候，我们不应该忘记以下事实：1989年6月，普里马科夫当选为苏联最高苏维埃联盟院①主席，自1989年9月20日起，他作为苏共中央政治局候补委员进入了党的核心领导层。

普里马科夫完全是临危受命，在国家最为困难的时候成为一个各方都能接受和拥护的对象。在此情况下，普里马科夫开始了自己的新事业。当时还很难说他到底能在多大程度上化解危机并完成自己的使命，因为人们在评价一个政治家的成绩时，总是看他在离开的时候留下了什么，而不关注他上任时接手的是什么。

应当指出的是，不论是由哪一个人来主持反危机的工作，都会因为所面对的实际情况而产生自己解决问题的倾向性。历史的间隔甚至有可能会歪曲哪怕是不久前才发生的事情，出现一些试图诱导人们的不切合实际的想法，提出某种已经为历史所证明行不通的假设——有没有另外一种选择，能够让我们做得更好？通过已经发生的事情，我们可以证实种种假设的不切实际，并得出其实并没有第二种更合适的方案。但历史是不容歪曲的——在叶甫根尼·马克西莫维奇的历史贡献问题上，已经得出了经得起推敲的结论，他的确是一名成功的国务活动家。

---

① 苏联最高苏维埃联盟院是与共和国院（或称民族院）并列的两院之一，其政治地位类似于西方国家议会的下议院。——译者按

前　言

假如本书的主人公生活在一个十分平静且各方面都令人较为满意的时代，既没有革命所带来的震荡，也没有危机所引发的困难，那么他也就无从做出那样伟大的功业。读者可能会情不自禁地产生这样一种观点：那些在危机时刻领导国家的人其实并不用太过辛苦，用不着付出比今天的当政者更多的努力就可以治理好国家，他们不需要那样踌躇满志便可以找到让国家稳定前进的方向。

一般而言，我们不会特别关注胜利者身上那些较为微小的事迹。他们所取得的伟大业绩对国家之后的发展起到了重要作用，对此当代人会很乐意不断进行讨论；而这些业绩也会在人们讨论的过程中一直遭受某种程度上的质疑。我们不能无缘无故地认为，这些质疑的声音都是没有道理的。是的，人们可以简单地说，这些拯救了国家的人其实并没有什么了不起，虽然他们的确冒着付出生命与健康的风险，但在成功之后也获得了永久的成功者形象。

要如何才能对本书的主人公进行公正和审慎的评价呢？有没有可能因为我们的研究，主人公在人们心中的形象发生偏离或者遭到破坏？我们又应该如何在现有的条件下描写这位成功的活动家？如果我们对普里马科夫不做出一些新的评价，那么本书的意义又在哪里呢？当时人们对普里马科夫所提出的要求，在今天看来又有多少是合理的呢？

我可以确信一点，撰写普里马科夫传记的几位作者完全是站在了对读者负责的立场之上，已经完全克服了以上所列举的困难，因为他们在最近的这些年里致力于相关问题的研究，打下了坚实的基础。长期的积累使得他们将撰写出版十卷本的长篇著作，首先要出版的是两卷本的大众读物《不为人知的普里马科夫》。在这两本书中，作者引用了很多普里马科夫的个人档案，这些材料都是之前没有被披露过的，由那些与普里马科夫在工作或生活中关系亲近的人提供。

在此我还想表达一个观点，不论是十卷本还是两卷本的写作，都为作者以一种更新颖的角度来研究普里马科夫提供了可能，特别需要指出的是，这些成果的问世都离不开俄罗斯工业与贸易部和普里马科夫遗孀的支持。正是由于他们的热心参与，这个由志同道合者所组成的团队才能够在最短的时间内选定方向，搜集起所需的材料，并获得了宝贵的文献支持。

毋庸讳言的是，普里马科夫那数量相当庞大的文献材料和有关他个人事迹的专著很有可能会让本书的作者陷入歧路，出现单纯讲述主人公个人经历的情况。如果是这样的话，这本书便不可能是一本真正的，完全建立在对所有应查阅资料的查找与使用基础之上的著作。但事实正相反，本书是一部起到了传记作用但并非个人传记的学术著作。

本书的作者希望读者们不仅仅关注那些众所周知的事实，而是要了解主人公的成长过程和生活经历，对其产生一种全新的认识。与此同时，本书还具有以下三个与众不同的地方。

第一，对普里马科夫的生平做出了全面的介绍。找到了将个人和历史进行融合的最佳角度——对于任何一部传记而言，

前言

这都不会是一项简单的任务,更何况主人公是这样一位有着巨大影响力的人物。在此情况下,如果出现资料查阅方面的遗漏,就填补历史空白而言是很容易出现研究失误的;最主要的风险是破坏历史人物应有的形象。但值得庆幸的是,本书并没有出现此类的问题。

本书所展现给我们的,既是个人的,也是时代的。书中所提到的那个人,无论他处在哪一个工作岗位上,都在努力地以自己所能来改善国家的境遇。包括他的同事和朋友在内,不止一个人持这种观点。在这部专著中收录了他的同事和朋友的回忆,向我们讲述这些故事。叶甫根尼·马克西莫维奇,他的事迹是这样真实。

在最危急的时刻,普里马科夫在苏维埃时期积累下来的知识和国家管理经验派上了用场,帮助他做出重要的决定,为新生的俄罗斯做出了极大的贡献。不论普里马科夫身处何种工作岗位,他都致力于帮助国家走向繁荣,在他的努力下,俄罗斯恢复和加强了自己的国际地位。还有什么比在大西洋的上空决心返航更为果断的事情呢? 叶甫根尼·马克西莫维奇没有辜负自己所处的时代。他在这个时代生活和工作,但他因为有更丰富的知识和经验,得以比其他人更好地感受到了时代的脉搏,正是由于他可以更准确地预测未来,才有机会取得更加出色的成绩,哪怕是在令人绝望的处境当中。普里马科夫曾在1998年至1999年出任政府首脑,而就在这8个月的时间里,俄罗斯的工业实现了24%的增长。在当时的条件下,这样的成就难道算不上独一无二吗？在现当代根本找不到第二个与之媲美的例子。本书的作者坚定地向读者表明，这完全是普里马科夫卓越的能力使然。

对工作有着极高的要求，但同时又始终面带微笑，这已经成为普里马科夫不变的形象名片。我不认为他始终是心满意足的，他更多的是坚韧不拔。普里马科夫态度和蔼，但对自己的部下从来都是严格要求。由于他的严格要求，俄联邦政府的工作人员曾经高效地工作过 8 个月的时间。一个政治家之所以敢于强硬，是因为他对自己的事业有万无一失的把握，最重要的是，他所做的一切并不是出于为个人谋私利的目的。

第二，本书的作者很好地掌握了"普里马科夫方案"的核心问题，最重要的是，他们做到了完整还原主人公制定方案和完成方案的全过程。之所以能达到这样的效果，与他们从那些与叶甫根尼·马克西莫维奇一起工作过的人手里得到了重要信息有关，之后还与这些人共同对普里马科夫留下的东西进行了研究。读者们可以放心，这本传记收录了持不同立场的人的观点，而不是简单地将材料进行罗列。

能够将叶甫根尼·马克西莫维奇的平生与他个人特质很好地结合在一起，最终向读者们展现传主那与众不同的地方，是本书作者孜孜以求的目标。

本书所涉及的内容很多，包括 20 世纪 70 年代与以色列领导人的秘密会晤、在智库的经历、于改革和"新思维"刚刚开始前几个月时在戈尔巴乔夫身边工作、在苏联即将走向解体之前秘访萨达姆·侯赛因、在情报局和俄罗斯对外部门任职、以政府首脑的身份克服危机,以及众所周知的在大西洋上空返航等——这些都是在讲述普里马科夫生平时必须要提及的。叶甫根尼·马克西莫维奇在自己的各个职务上都做出过各种重要决定,但其他人只是在这之后才听到有关这些决策过程的描述。从这部书中,我们所看到的东西,并不仅仅是普里马科夫一生中的某些历史断面而已。

我在前文已经提到,历史研究中出现的多种可能性假设是一个巨大的诱惑,特别是对那些掌握着国家权力的人物而言,在这样一种历史的涡流中极易出现把研究对象神化的情况。但本书的作者并没有将自己的研究对象理想化。他们并不是简单地采用"天才式"的论调,而是着重强调普里马科夫是一位能够注意到历史发展进程的政治家与学术实践者。

尽管不是在一开始就确定好了之后的每一步,但普里马科夫行事是很有步骤的,本书将这个问题的解读与分析放在最靠后的位置。与此同时,本书的作者在撰写的过程中,已经尽最大的可能向历史的真相靠近,将自己与后者之间的距离缩到了最小。

第三,当我们谈起普里马科夫、谈起他为新生的俄罗斯所做出的贡献时,一般是指他担任政府首脑的这一段时间。于是,我们便很有可能会忽略普里马科夫在这之后参加杜马选举和议会下院等事迹。在普里马科夫的一生中,可以与他在担任政府首脑时取得的成功相提并论的阶段,应该就是出任俄罗斯工商会主席的那段时间了。在其担任主席长达10年的时间里，工商会作为俄罗斯最高级别的社会组织之一，其影响力得到了很大的提升，同时也加强了俄罗斯同外界在该领域的交往，其中一个较为突出的成果就是修建了新的国际贸易中心和展览场馆——莫斯科国际展览中心。

"水星俱乐部"的会议定期召开，与会者并不只是企业界人士，还有来自政府、联邦会议、杜马以及某些政党的态度积极的代表。在每一次会议的发言中，叶甫根尼·马克西莫维奇都很直接和尖锐地指出国家政治与社会经济生活中存在的问题，这些问题也都是与会者非常感兴趣的。有关该会议的情况会定期向国家领导人呈报。但令人遗憾的是，国家领导层对这些问题极少予以真正的重视。于是，相关的部门便也没有多少的热情，更没有去着手解决"水星俱乐部"所提出的问题。

在离开了作为国家政治第二号人物的位置之后，叶甫根尼·马克西莫维奇在客观上告别了高层政治活动家的身份。但普里马科夫仍然对新生俄罗斯的国家建设做出了重大的贡献，因为他一直身处政治舞台之上。对于这种"层级"的人来说，真正意义上的退休是永远都不会到来的。应当指出的是，本书的作者在书中所描绘的普里马科夫晚年的生活，把他的生活与观点和建议结合了起来，如此一来就能够还原普里马科夫在整体性意义上的意识形态了。

当然，叶甫根尼·马克西莫维奇完全不打算让自己成为一代宗师。他总是像一个实践者那样"预设好"自己的主张，在危机时刻通过行动来解决问题，这一切我们都已经看在眼里。的确，正因为如此，普里马科夫的主张从来就没有失去过意义。但令人遗憾的是，进入21世纪以来，我们能够回忆起的意识形态和民族思想，都只限于那些在面对复杂的对外政策、经济问题、内政混乱或者是领土争端时所表现出来的例行公事式的东西。在其余的时间里，我们感觉自己已经拥有了健全的思想，它已经将意识形态发展到了尽头，根本用不着再去多思考些什么了。在国家生活进入危急状态后，来自社会的意识形态便根本不满足于口头上的表现形式了，它一定会设法实现自己的存在。

正因如此，普里马科夫的思想并不是一种独立存在的意识形态，而是同实践紧密结合的产物，不论是相关领域的专家还是国内有影响力的重要人物，都对其产生了极大的兴趣。如本书的作者所强调的，普里马科夫并不认为自己的思想观点的解释力仅具有局部性和短时性，他并不是在离开领导岗位之后才思考这些理论问题，而是在很早之前就已经开始了。国家的意识形态从社会主义向着资本主义转变，普里马科夫在其任上对此起过阻塞的作用。

由于拥有在中东地区长期工作的经验，普里马科夫明白一点：从社会主义的社会与经济模式向着其他模式转变，其过程将是十分复杂且耗时许久的，这些观点不仅体现在他公开的言论当中，在他的研究成果以及内部分析报告中也有所体现。在普里马科夫形式上离开了大政治之后，时间已经进入21世纪，他成为一个没有实际职务的公众人物，以这种身份出现可以免于遵守作为拥有实际职务的政治家所必须遵守的道德形式，用不着在做出各种表态时小心翼翼地照顾到经济、国内外政治等方面；除此之外，还要着力让自己的观点显得具有文化和教育意义。本书的作者认真地对1999年之前及之后的文献进行了分析，做出了结构化的综合研究，对普里马科夫的思想观点做出了自己的整体性的评价。

不排除一种可能性，即普里马科夫本人对自己的思想观点产生了某种怀疑并有意重新对其进行设计，因为很多观点都是在紧急时刻表达出来的，难免有些粗糙。如果一位拥有重大影响力的政治家或学者在公开场合对某些问题发表观点的话，那么人们就会认为这些观点经过深思熟虑。

我曾经不止一次地同叶甫根尼·马克西莫维奇讨论过有关俄罗斯经济和政治的问题，我可以有把握地说，他对这些问题的看法是基于丰富的经验和综合性的知识结构，对于我们更好地了解哪怕是今日的俄罗斯也有极为宝贵的价值。除此之外，普里马科夫所采取的方法及所提出的建议，对于当今的国家领导人而言，也是可以大幅地采用的。

经过缜密思考后对当代的尖锐问题提出有根据的建议，找到国家管理与市场调控的最佳路径，告别单纯的货币原教旨主义，这些共同构成了普里马科夫思想观点的核心部分。其他的部分包括保护俄罗斯的国家利益且避免由此引发国际社会的严重反弹，合理的联邦主义思想，对中央与地方之间的收入进行合理的分配。

本书出版的目的还在于迎接普里马科夫90周年诞辰，作为一位在苏联和后苏联时期真正德高望重的思想家和政治家（令人感到遗憾的是，他并没有太多的掌权时间来实现自己的主张）、国务活动家以及为年轻的俄罗斯留下了丰厚政治遗产的人，对他进行重新评价是非常之难的，必须要找到能够吸引读者的东西。

我同叶甫根尼·马克西莫维奇之间的友谊始于20世纪70年代后半段，当时他是苏联科学院东方学研究所的所长，我在苏联外贸部工作。我们第一次见面是由共同的朋友引见，是在一次非官方的聚会上。当然，我们讨论了国内的形势以及国际贸易与政治问题，这拉近了我们之间的距离，但那是纯粹的友谊并不是工作上的关系。受苏联外贸部的一位领导委托，我邀请普里马科夫参加了同联邦德国工业部人员的会谈。在改革的时期里，我们见面的机会就更多了，其中还包括戈尔巴乔夫于1990年对美国进行访问的那一次。作为美苏贸易与经济委员会的负责人，我邀请普里马科夫一同与美国的商界精英举行了会晤，他在现场还发表了演讲。在这个场合上，普里马科夫同时兼顾讲述者和主持人的角色，前者是针对感兴趣的人，后者则是在个别的单独会谈中。此时的普里马科夫，毫无疑问地已经属于苏联最重要的阿拉伯问题专家之一。但他的政治抱负不止于此。在离开苏联科学院东方学研究所之后，普里马科夫来到了苏联科学院世界经济与国际关系研究所，担任世界经济研究中心的负责人。我们当时对国家现状和发展观点上的一致性，进一步加深了我们之间的友谊。

在国家非常困难的那一段时间里——危机、无法履行国际条约、居民生活水平下降——我们必须要团结起来，才能把国家从濒临毁灭的境地中挽救出来。叶甫根尼·马克西莫维奇出任政府首脑，而我则担任起了联邦外汇和出口部门的负责人，这是普里马科夫所领导各部中的一个下属单位。

在这一段时间里，叶甫根尼·马克西莫维奇与我有多次会面，在政府会议上也频繁相遇，他的很多做法让我对他的个人特征产生了相当深刻的印象：其中排在首位的就是他那超凡绝伦的领导魅力，这完全是因为他那渊博的知识、对自我的严格要求、对周围人的尊重，以及善良、诚实的正派本性。

由于拥有了这样的素质，普里马科夫便得以冲破旧日的框架，在这样一个高位上展开自己的工作。令人感到遗憾的是，我们很多人在那一段时间里，由于要处理许许多多的问题，不得不十分坦率地进行交流。于是，很多时候都会出现因为过于直白和自傲而偏离原本要表达的意思的情况。但普里马科夫却从来没有出现过类似的情况，不论是政府的官员还是各方面的专家，都以一种很愉快的心态与他进行了合作。当然，他们之间的关系也并不是那么不拘小节。对于那些进入"普里马科夫班子"的人来说，只有真正地做到以诚待人并且客观看待自己，不认为缺了自己某项工作就进行不下去，才能够学会如何让自己顺利地处理相互之间的关系，当然这也是生活中最应该

前言

秉承的理念。

本书以事实为基础，提出了新的研究任务——如何去理解历史上的过渡阶段即世纪之交时的叶甫根尼·马克西莫维奇。在俄罗斯当代历史中，普里马科夫的作用与地位并没有消散，充足的材料使得今天的我们有能力对其进行研究，其中就包括前文所提到的十卷本以及两卷本的《不为人知的普里马科夫》，由此在很大程度上能够满足对此问题有兴趣的读者。本书最值得一看的地方，是其所采用的宝贵历史材料。我希望，本书的作者能够继续自己的研究，让下一部作品尽快地呈现在我们的面前。

弗拉基斯拉夫·马尔科维奇①

2019 年 10 月 1 日

---

① 弗拉基斯拉夫·马尔科维奇(1936.06.30—2020.07.06)获经济学博士学位，是苏维埃时期以及俄联邦时期的重要国务活动家、经济学家以及企业家，与普里马科夫在工作领域有较多的接触，对后者有自己的认识。——译者按

引　言

　　每一个人都生活在不同的历史时期，因此无论是对哪一个历史人物做生平研究，首先都必须了解他所处的那个时代。在这个前提下，具体到某一个人的人生经历，就如同镜子的一块碎片，可以从他们自己的角度来反映当时的世界。这个世界与个人的私人空间是有交集的，其间发生的一件件事情也在改变着后者的命运。如果将这些相似的碎片一片片地搜集起来，那么它们将不再只是一堆碎片而已，甚至可以组成一块完整的镜子，充分地反射出自己所处时代的景象。这一切都取决于单个个体的数量，以及他们所带有的信息。

　　叶甫根尼·马克西莫维奇·普里马科夫的人生经历足够拼出一面镜子，在这面镜子里，我们可以看到他的行事思路：一心要在苏联历史以及经受了狂风暴雨的后苏联现实之上构建起一个新的地缘政治形态。研读普里马科夫的思想就像是读一本教科书——可以读到国际关系全景式的画面，两个超级大国在全球范围内展开的对抗，在 20 世纪末发生的带有世界级影响的剧变——形成了单极世界，在可预见的未来会出现多极世界。

一

道路的起始

对这个于1929年在基辅出生,后来又迁居到第比利斯并在那里长大,后来毕业于一所极为普通的中学的孩子而言,在普里马科夫少年时期并没有什么未来能够飞黄腾达的迹象。也许,年轻的普里马科夫所具备的工作能力是在他接受高等教育时获得的——他考入了莫斯科东方学学院,这是一所培养优秀人才的学校,为的是在广阔的亚洲和非洲大地上捍卫苏联的国家利益,因为当时苏联与美国之间已经开始了非常严酷的竞争。在成为一名阿拉伯问题专家后,普里马科夫并没有停下自己继续学习的脚步,他决定利用自己的语言优势,将研究工作扩展到经济学的领域去——他为此进入莫斯科大学进行博士研究生阶段学习。

从莫斯科大学毕业之后,普里马科夫开始了他顺畅的官场生涯,在晋升的阶梯上没有遇到什么阻碍。1956年秋季,在结束了博士研究生的学习之后,这位精通阿拉伯语和英语并且以当代阿拉伯国家经济问题为毕业论文题目的年轻专家，被分配到了意识形态部门工作——苏联国家广播电台对外广播管理总局阿拉伯站。1959年，普里马科夫第一次率领访问团赴阿尔巴尼亚进行采访，并且以广播总局记者的身份参与其中。

在这次出访过程中，普里马科夫差一点就造成了重大的工作失误，这对他之后的人生是一个极佳的教训。出于对工作的热情，普里马科夫决定把赫鲁晓夫即将在大会上要发表的演讲提要提前发回莫斯科，而不想再继续干等着。这个讲话很重要，是赫鲁晓夫在地拉那访问期间最重要的部分。普里马科夫拿到的讲话提要其实还只是一份半成品，他却将此发回了莫斯科。只是出于偶然的原因，这份电报并没有被采用，但普里马科夫差一点因为这个错误而被撤职。

在过了很多年后，当普里马科夫开始出任重要职务之时，作为一位领导庞大机关且颇有政治野心的政治家，谨慎已经成为他的性格的一部分。事实上，这一份谨慎不但没有阻碍普里马科夫的事业，相反还起到了帮助作用，成为他有原则性、做事情有准备、与人平等相处等诸多优点中的一个。

普里马科夫在广播站工作了6年的时间，从记者升任阿拉伯站的站长，在这段时间里，他还完成了自己的博士论文答辩，题目是《部分阿拉伯国家的资本引进——确保对高额利润进行垄断的手段》，顺利地得到了经济学博士的学位。在这段时间里，普里马科夫获得了丰富的工作经验，已经成长为一名专业的国际问题记者，同时拥有了中东问题方面渊

一　道路的起始

博的知识。

普里马科夫已经成为能够独当一面,且有能力将自己的学识应用于工作之中的专家。于是,他便从一名搜集"别人所说的话"的记者或将"别人所说的话"组织整理后"打印出来"的国际问题记者,转而成为一名学术研究者。的确,普里马科夫慢慢地实现了这种转变。

在20世纪60年代初,曾任《真理报》副总编的伊诺泽采夫提出,希望能将普里马科夫调任该报亚非国家版面的评论员。这位年轻的电台记者对此表示同意,但他也告诉伊诺泽采夫,由于中央委员会中主管电台工作的书记对他评价较低,他不能再被外派到国外工作。当时伊诺泽采夫同时担任苏联科学院世界经济与国际关系研究所副所长一职,"比较有权威",他去过问了此事,询问为什么这名电台记者不能被外派。于是,在这场干预之后,普里马科夫摆脱了身上的桎梏,得以再次被外派出国,他本人也调到了《真理报》工作。

对普里马科夫的世界观影响较大的人,是日后被他称为"体制内的持不同政见者",这些人或者经历了国家施行"解冻"政策的年代,或者在该政策路线的影响下,一直怀着此种思想进入了停滞的年代。对《真理报》亚非部产生重要影响的"体制内的持不同政见者"叫鲁缅采夫,是《真理报》的社长。普里马科夫一生都清楚地记得,鲁缅采夫在《真理报》上发表文章《党和知识分子》的那段历史。鲁缅采夫在这篇文章中所表达的观点与主流精神之间出现了背离，因此被迫离开了报社。对于普里马科夫而言，这段历史成了一个教训：不能因为一时充满激情的观点和看法，而做出如此重大的牺牲。

二

驻中东记者的使命

因为多次受报社之命出访中东国家,尤其是当那里发生了一些激烈冲突的事件之后,普里马科夫被安排与阿拉伯国家的许多重量级人物会面,并与他们建立起了私人关系。于是,普里马科夫在当代成了一个不仅相当重要,而且不可或缺的地区问题专家。这也成为他日后得以完成自己使命的一个优势条件。

我们可以举一个例子,在 20 世纪 60 年代末至 70 年代初,有一个名叫扎索霍夫的人来到了开罗,进入了总部设在开罗的亚非国家团结委员会领导层——这是一个专门用来增进亚非国家人民之间团结的组织。他后来回忆邀请普里马科夫到了他位于开罗的住处,那是阿拉伯世界里知名记者和社会活动家可以"展开理性竞争的场所",其座上宾有与埃及总统纳赛尔关系很近的埃及最重要报刊《金字塔报》的社长穆罕迈德·和伊卡尔,以及一家埃及上流社会杂志的主编留特福阿里·哈里，作家和文学评论家阿拉赫曼·哈米西①等许多埃及知名思想家。

在这之前的1963年，阿拉伯社会复兴党（以下简称"复兴党"）发动了军事政变，掌握了叙利亚大马士革的政权，莫斯科对此感到非常地警惕，因为已经发生了伊拉克复兴党公开执行反共政治路线的情况。在莫斯科正式承认叙利亚的复兴党政权之前，普里马科夫于1965年10月跟随记者团来到了大马士革。根据记者团采访所获得的信息，普里马科夫撰写了一篇题为《多层级的大马士革》的文章，发表在《真理报》上，这篇文章的核心思想是在叙利亚复兴党之中是存在"进步的力量"的。

这篇文章是有先见之明的，1966年2月，叙利亚爆发了新的政变，结果就是左翼复兴党人上台执政。但莫斯科在此之前曾经对左翼复兴党表示过反对，埃及总统纳赛尔在此时发挥了自己的作用，挽救了苏联与大马士革新政权之间的关系，使后者成为亲苏政权。普里马科夫成为第一个与叙利亚新总理扎因举行会晤的外国人，并且请后者公开表态以消除开罗对此问题的担忧。就在同一时间，普里马科夫还结识了时任叙利亚国防部长的阿萨德。

但此时的莫斯科还不打算改变自己对叙利亚复兴党左翼的看法，尽管派去的《真理报》记者已经发回了有关扎因接受采

---

① 阿拉赫曼·哈米西是当代埃及最负盛名的小说家、文学家和诗人，其著作被大量翻译成外文，在世界各国出版，仅在俄罗斯就出版了4部小说集。——译者按

二 驻中东记者的使命

访的信息——在一开始甚至都没有能够发表出来。于是,普里马科夫只得只身回到莫斯科,亲自向党中央做了汇报,说明了在政变期间所发生的情况。苏共中央在听取了汇报之后,决定调整过去的立场,改变对大马士革新政权的态度,而普里马科夫之前准备的材料也得以发表。在此情况下,普里马科夫所发挥的无可替代的作用已经不只是加固了开罗和大马士革之间的关系,他还调整了莫斯科对动荡中的叙利亚的政策。

在伊拉克国王于1958年被推翻之后,莫斯科决定与掌握着伊拉克北部领土的库尔德人展开十分深入的合作。苏联在评估了自身在库尔德人居住区的影响力之后,确立了两个要努力实现的目标:第一,推动伊拉克的政治进程,而库尔德民主党必须成为其中最为重要的政治力量之一;第二,以此作为杠杆撬动北约成员国土耳其,因为在后者的东部国土上居住着数量众多的库尔德人。

自伊拉克库尔德斯坦的马哈巴德共和国被推翻,至1958年伊拉克爆发革命,巴尔扎尼[①]和其他一些库尔德领导人都居住在莫斯科。但伊拉克总理卡塞姆拒绝在库尔德人居住地区实施自治;巴尔扎尼回到了伊拉克北部地区,库尔德居住区再次开始反抗巴格达。在卡塞姆垮台之后,伊拉克国内的阿拉伯人与库尔德人之间的矛盾进一步激化。在此情况下,苏联于1966年12月命普里马科夫率记者团前往伊拉克库尔德斯坦,并在

---

① 全名为马苏德·巴尔扎尼(1946—),是库尔德运动的核心人物之一,其父穆斯塔法将军也曾是库尔德运动的重要领导人。——译者按

那里与巴尔扎尼举行会谈。他们的下一次会面就是 1968 年 7 月 17 日复兴党第二次政变之后的事情了,上台执政的是贝克尔①。在库尔德斯坦的会晤是带着很大风险的,因为随时有可能遇上伊拉克军队,而且就在不久之前,库尔德运动内部也出现了分裂。应该说,普里马科夫的库尔德斯坦之行已经从单纯的记者团采访,转变为事实上的外交行为。

1969 年,在普里马科夫再一次与巴尔扎尼举行会晤前不久,他到了巴格达与正在党内"冉冉升起的"复兴党副主席兼革命指挥部副主席萨达姆·侯赛因见了面。萨达姆此时正负责与库尔德人展开谈判,急于尽快地解决这个问题。萨达姆请普里马科夫带话给巴尔扎尼,表示愿意在伊拉克建立库尔德自治区。在会见萨达姆的时候,普里马科夫还结识了一个与萨达姆走得很近的人,此人名叫阿齐兹②,正分管伊拉克的媒体工作。在这次会面之后,这位"忠诚的"记者开始"穿梭"来往于巴格达与库尔德斯坦之间,他的努力最终换来了于 1970 年 3 月 10 日签署的协议。经双方讨论,一致同意在伊拉克设立库尔德自治区,并寻求一切可能的手段维护伊拉克国内的和平。

1970 年,普里马科夫与外交部阿拉伯国家局局长戈里安杜诺夫一道,共同承担起了与巴勒斯坦解放组织(巴解)领导

---

① 全名为艾哈迈德·哈桑·贝克尔(1914—1982),于 1968—1979 年担任伊拉克总统,后让位于萨达姆·侯赛因。——译者按

② 全名为塔里克·阿齐兹,在萨达姆执政时期曾任伊拉克政府总理兼外交部部长,已于 2015 年在伊拉克监狱中去世。——译者按

二 驻中东记者的使命

人会谈的任务,目的是劝阻他们不要采取劫持以色列飞机等手段。会谈在贝鲁特举行,来自莫斯科的使者成功地向对方表达了自己的观点——如果采取恐怖袭击的方式必然会适得其反,因为这会加强以色列社会的团结并一致采取反巴勒斯坦的立场——劫持飞机的行动被取消了,而且是在普里马科夫和戈里安杜诺夫离开之后,巴勒斯坦人自己做出了这个决定。

三

身处苏联的"智力托拉斯":分析与外交

除了鲁缅采夫之外,对普里马科夫产生过重要影响的另外一位"体制内持不同政见者"就是伊诺泽姆采夫。但普里马科夫真正了解伊诺泽姆采夫,已经是他完成正博士[①]的学位论文答辩,离开《真理报》调回到科学院世界经济与国际关系研究所之后的事情了。1962年时,伊诺泽姆采夫被任命为世界经济与国际关系研究所的所长,邀请普里马科夫出任研究所的副所长。

伊诺泽姆采夫与另外一位"体制内持不同政见者"——科学院美国与加拿大研究所所长阿尔巴托夫一起,进入了一个专门负责政治和理论写作的班子,由此得以与勃列日涅夫接触。

[①] 苏联与欧美国家的学制有所不同,"博士学位"分为两级,首先是"副博士学位",相当于欧美国家的博士学位(PhD),在获得"副博士学位"之后,如果拥有较多的学术成果,可以撰写"正博士"学位论文,通过答辩后获得相应学位。苏联正博士学位所需的学术成果数量类似中国重点大学博士生导师的要求。——译者按

三 身处苏联的"智力托拉斯":分析与外交

除此之外,这个写作班子参与到了苏联改革设计的工作当中,这个工作是由克格勃①主席安德罗波夫负责的。

如果简短地对普里马科夫在世界经济与国际关系研究所副所长任上的工作做一个归纳的话,那么他最主要的工作就是对新生的理论观点和技术手段做出细致的分析,努力使之成为对现实政治和未来预测有益的实践工具。由于采用这种方法,普里马科夫在世界经济与国际关系研究所内领导的预测小组,能够成功地预测出20世纪70年代后半段国际原油价格上涨。不论是对苏联还是对西方来说,埃及总统由纳赛尔变成了萨达特,以及后者放弃了前者的亲苏政策转而向西方靠拢,与两伊战争等事件都是影响巨大的。由于普里马科夫所率领小组的优异表现,他们在1980年获得了由国家颁发的内部奖励。

对于这位科学院世界经济与国际关系研究所副所长而言,前往中东各国已经成为他的主要工作方向。由于普里马科夫能够看透许多人都看不透的问题,再加上他率领记者团出访所取得的成就,他成为不可或缺的"莫斯科之眼"。

在埃及总统纳赛尔去世之后,萨达特出任新总统一职,1971年6月,普里马科夫再次受命来到埃及。他此次前来的使命,是要帮助确认埃及政府的立场,即有没有采取亲苏的立场。而这一次普里马科夫是以塔斯社专业记者的身份来到埃及的,在那里他要通过与对方的会谈来确定其政治路线转变的真

---

① 克格勃,全称"苏联国家安全委员会",其第一总局于苏联解体后改名为"俄罗斯联邦对外情报局"。——译者按

实性，并将情况汇报给莫斯科。

在回到苏联之后，普里马科夫向中央递交了一份详尽的报告，在其中表达出了自己的观点。他认为在几个月之前与埃及政府签订的有关苏埃友好与合作的协议，并不能确保萨达特不会改变纳赛尔的路线。之前主抓与萨达特所签订协议的是苏共中央政治局委员兼最高苏维埃主席团主席波德戈尔内，他对普里马科夫的报告反应非常强烈，甚至要求对其"采取手段"。但几个月过后，萨达特的立场证实了普里马科夫的正确：他在接受《新闻周刊》杂志采访时公开表示，与莫斯科签订的协议根本不意味着他打算放弃亲华盛顿的立场。

由于莫斯科与特拉维夫之间关系的破裂，"六日战争"期间苏联在中东地区的存在引发了不少问题，其中最为明显的是苏联丧失了对双方施加影响力的可能性——现在就只能通过阿拉伯人了。在向中央递交了那份不能坐等埃及萨达特政权示好的报告之后的几个月里，普里马科夫又写了一份新的题为《关于中东危机若干问题》的带有预案性质的报告，并直接送交给了勃列日涅夫。在这份报告中，普里马科夫认为苏联不但没有必要孤立以色列，而且还应该采取"富有首创精神的步骤"。

这份报告建立在事实基础之上。在不久之前，以色列总理梅尔向莫斯科发出了"信号"，表示为了"相互交换有关中东问题的情况"，希望与苏联建立联系。苏联领导层对这个"信号"，以及其他来自别国的有关特拉维夫的类似讯息给予了高度的重视。苏联决定与以色列密使进行会谈，具体事务由普里

三 身处苏联的"智力托拉斯":分析与外交

马科夫负责,他在这之后的 6 年时间里一直从事这个方面的工作。

普里马科夫第一次与以色列领导人的会晤是在 1971 年夏季,他在特拉维夫与以色列国防部长达扬以及外交部部长埃班举行了会晤。应当指出的是,双方在此次会谈中没有达成任何的共识,但普里马科夫却得出了结论,以色列很有可能会在近期内从西奈半岛撤出部分的军事力量。从整体上看,普里马科夫认为特拉维夫正在尽最大的努力,防止阿拉伯国家因为"六日战争"而结成某种意义上的联合阵营。

一个月之后的维也纳,双方举行了规模较小的第二次会晤。但这一次以色列派出的是一个政治地位比较低的谈判代表,双方就许多问题进行了商讨。这已经不只是一个"高光时刻"了,普里马科夫还建议与会者讨论苏联提出的阿以冲突调解方案,他特别强调,阿拉伯国家从整体上赞同这份方案,何况这份方案里还直接提到了结束战争并与以色列缔结和约的内容,而这些内容在不久之前还是阿拉伯国家所不愿意提起的。但以色列方面并不打算将苏联的提议视作一项政治问题,也不愿谈论有关撤军日期的问题,而只将讨论范围限于西奈半岛之内。因此,此次会谈并没有获得实质性的进展。

据当时负责以色列、黎巴嫩、约旦和巴勒斯坦地区间谍活动的特工科托夫证实,与普里马科夫一同参加与以色列领导层的秘密会谈是一件很有诱惑力的事情,当时苏联方面还在继续推动以色列接受"土地换和平"的一揽子方案:以色列必须从在"六日战争"期间所获得的阿拉伯国家领土上撤离，以此来换取后者对其做出保障国家安全的国际承诺。采取这一步骤的必然结果之一就是，恢复特拉维夫与莫斯科之间的外交关系。

苏共中央在关于与以色列进行谈判的问题上指示普里马科夫，推动以方履行联合国安理会于1967年11月22日通过的第242号决议，因为该决议能够给以方带来切实的利益。在这份决议中，联合国安理会已经"为中东地区安排好了公正且简单易行的和平"，即"以色列军事力量撤出在不久之前爆发的冲突中所占据的领土"，爆发的冲突指的就是"六日战争"。这份决议所承认的以色列国土区域，并不是联合国大会在1947年所认定的以色列国界线，而是以色列于1947年至1949年在战争过程中所获得的领土，也就是所谓的"绿线"。也就是说，"土地换和平"的方案绝对不是完全要以色列屈服，而是推动国际社会对20世纪40年代末那一场战争的结果予以承认。

早在马德里阿以和会之前的20年，莫斯科就已经向以色列人提出了这项稳妥的处理建议。这项秘密使命的执行者正是普里马科夫——处理如此重大的地缘政治变化问题，必须由一位经验丰富的著名国际问题专家来负责，而且此人还不能是来自某个专门的外交机构（由于是秘密出使）或是军事机关（出于保护使者安全的目的），但必须是来自某个为国家所直接领导的部门。普里马科夫是最为合适的人选，尽管美国人成功地

三　身处苏联的"智力托拉斯"：分析与外交

将苏联排挤出中东事务调解的工作，但以色列人多年来始终坚持的原则却是普里马科夫向他们提出的"路线图"的核心部分。

双方再次交换意见已经是1972年9月于牛津举行的帕格沃什会谈了。在这次会谈中，普里马科夫接收到了特拉维夫希望与莫斯科恢复外交关系的意愿，但按照以方的要求，这个问题并不与苏联参与中东问题调解挂钩。

双方于1972年3月再次在维也纳会晤，这一次以方要解决的是一个实际问题。此时的特拉维夫与开罗已经接近达成协议，其中所涉及的内容还包括苏伊士运河的开放。以色列似乎是希望能够就该协议的草案获得苏方的认可。

等到双方再一次会晤的时候，情况发生了根本性的改变。拉宾替代梅尔成为以色列的总理，以色列外交部长也换成了伊加尔·阿隆，由佩雷斯出任国防部长。与此同时，巴解已经在一定程度上做好了承认以色列政权的准备，已经迈出了不那么坚定的一步。在此情况下，普里马科夫于1975年4月在以色列会见了拉宾、阿隆和佩雷斯，但双方并没有达成什么共识，尽管举行秘密会谈本身对双方而言就已经是相当重要的一个事实了——首先，双方形成了某种"同舟共济"的关系，其次，苏联与以色列新领导层建立了联系。

这一时期的莫斯科，似乎倾向于通过阶级感情来联合正在以色列执政的左派力量，首要的对象就是佩雷斯。于是，普里马科夫对佩雷斯进行了积极的试探："你们都是专家。你们的执政基础是无产阶级，阿拉伯人当中的无产阶级是你们可以联合的对象，为什么不与他们在阶级的基础上进行联合呢？"对此问题，佩雷斯的回答显得很有预见性："我们之间所争执的问题是民族性的，试图通过同一阶级联合的方式来相互走近是行不通的。"

佩雷斯后来提出：普里马科夫是一个犹太人，但准确地说，他只是血统上而非生活方式上的犹太人。显而易见的是，将普里马科夫派遣到以色列参加会谈的苏联领导人，自然对其血统出身有自己的考虑，希望能让以方因此而产生一定的亲近感。可以理解的是，作为以色列工党中的中左翼代表，佩雷斯对普里马科夫所表达的观点的抵触甚至超过了右翼。看得出来，参与中东问题是苏联隐蔽的企图，苏联试图通过共同的阶级利益来统合阿以双方的左翼力量，因此，普里马科夫向佩雷斯表示，在共产主义的条件下，民族、宗教身份必然会消亡。而在当时的条件下，哪怕是以色列左派和佩雷斯本人都根本不会赞同这样的观点，因为他们首先认同的不是物质而是偏好，即价值观和世界观。

普里马科夫最后一次就上述问题与以色列高层进行会谈，是在1977年的耶路撒冷，此时的以色列总理变成了贝京。会谈又一次没有取得突破性进展，尽管苏方已经对以色列做出了颠覆性的重大承诺：只要日内瓦会谈重新召开，莫斯科就会发表声明恢复与以色列之间的外交关系。除此之外，苏联还打算给出一个无法拒绝的条件：外交关系的恢复与否与"六日战

三 身处苏联的"智力托拉斯":分析与外交

争"脱钩。贝京没有拒绝,但他提出只有勃列日涅夫正式邀请他去莫斯科面谈此事,他才能答应这些建议。对于苏方而言,这个条件是根本不可能的。在"戴维营回合"①开始之后,这些秘密会谈就结束了,因为美苏之间新的矛盾已经激化了,这些会谈自然是不会再进行下去了。

在1976年年初,叙利亚军队出于保护黎巴嫩内战中的本国侨民的目的进入了后者的领土,莫斯科此时必须要尽快明确自己在这场冲突中的立场。于是,莫斯科就产生了让普里马科夫与黎巴嫩长枪党领导人杰尔耶勒会晤的想法。此次会晤发生在1976年4月,地点是贝鲁特东部。通过此次会晤,普里马科夫了解到黎巴嫩国内的基督教力量已经在叙利亚发现了自己的盟友,并打算向后者提供支持,使之帮助调解国内的冲突局势,同时并不拒绝巴解的阿拉法特对冲突的调解,因为后者对黎巴嫩的巴勒斯坦人有很强的影响力。第二天,普里马科夫便已经到达了西贝鲁特,与前一天谈话对象的敌对方左翼的伊斯兰爱国主义力量的领导人琼布拉特进行了会晤,此人在莫斯科看来是亲苏的。琼布拉特提出要将叙利亚排除在内战调解工作之外,并寄希望于莫斯科就此与大马士革进行沟通。经过普里马科夫的多方斡旋,莫斯科决定协调叙利亚总统阿萨德与琼布

---

① "戴维营回合"指的是于1978年9月9日美、埃、以三国领导人在美国戴维营卫开的会议,此次会议为期12天,重点讨论了有关实现阿以和平的问题,并在会议结束前形成了具有地区和平意义的《戴维营协议》,埃以两国签署《关于实现中东和平的纲要》和《关于签订一项埃及同以色列之间的和平条约的纲要》。——译者按

拉特之间的关系,通过自己的影响力对巴勒斯坦施加影响,使之参与到黎巴嫩的和平进程中来。尽管普里马科夫预想的路线是正确的,但结果却是不成功的:苏联的倡议并没有获得区域内各方力量的认可,苏联对这些国家的影响力是不够的。

四

学以致用的东方学:调停和处理中东地区的冲突

在苏联科学院东方学研究所所长加弗罗夫去世之后,普里马科夫便从世界经济与国际关系研究所调任此职。在以上两个研究所中,普里马科夫从事的都是较为迫切的全球发展问题研究,包括20世纪70年代中期之后发生的国际经济危机及其对苏联自身发展的影响,与其在世界各地所出现的地区冲突中的反应。毫无疑问,这是当时最为重要的全球性问题。任职于这两个研究所,特别是世界经济与国际关系研究所已经成为普里马科夫与世界精英阶层交流的重要舞台,其中就包括他参加的达特茅斯论坛,在论坛上人们讨论了有关美苏之间的关系缓和的问题以及和平合作的可能性。通过一系列此类活动,普里马科夫得以与洛克菲勒以及美国前副国务卿桑德斯建立了较为紧密的联系。

通过多次的会晤,普里马科夫发现已经有充分的理由对全球局势做出全新的评价,即当今的世界并不能简单地归结为资本主义与社会主义两大阵营之间的竞争。在这两者之间，官方的意识形态是相互抵触的，普里马科夫后来称这些因素为"最主要的障碍物"，正因为这些问题的存在，各国之间无法展开"坦诚相见的合作"。

其实，普里马科夫自己也没有开展过这种"坦诚相见的合作"，1982年时，他作为东方学研究所所长与外交部同行一道参与有关阿富汗形势报告的写作。这份报告认为，阿富汗国内缺乏"革命的形势"，而正是因为苏联领导层看到了这一点才决定在1979年派遣军事力量进入阿富汗。这份"与事实相距甚远"的报告给时任外交部部长的葛罗米柯留下了很好的印象。

20世纪80年代初，苏联政府派给普里马科夫很多秘密出使的任务，尤其是安德罗波夫当政时期。在以色列于1982年入侵黎巴嫩之后，巴解组织中的法塔赫发起了一系列行动，大马士革与巴勒斯坦领导层之间的关系迅速恶化。叙利亚人指责阿拉法特急于向对手妥协，甚至还在暗中支持戴维营协议。苏联马上意识到，大马士革对巴解所做的指责暗含着另外一层意思，前者是想要利用巴勒斯坦来实现自己的利益——拉近与美国之间的关系。叙利亚人甚至还试图引发在叙利亚的不同巴勒斯坦派别之间的对抗。

尽管如此，苏联并没有失去对阿萨德和阿拉法特的信任。普里马科夫受命与叙利亚领导人展开会谈，敦促大马士革改变自己针对巴勒斯坦人的立场。1983年6月，普里马科夫见到了

四 学以致用的东方学：调停和处理中东地区的冲突

阿萨德，告诉对方苏联一定会公正地在以色列和叙利亚之间进行调解，并发出暗示，苏联可以向大马士革提供更多必要的军火支持，以平息后者对戴维营协议明显的不满情绪。当时在叙利亚首都的其他外交人士则纷纷表示，不希望看到阿拉法特被解除巴解组织的领导职务或是类似情况发生。

普里马科夫在结束与阿萨德的会谈之后，马上向莫斯科发出了密电，指出叙利亚总统向自己发出了暗示，希望能够从苏联获得更多的军火支持。因为阿萨德一方面高调地讲述了叙利亚军队的战备情况，另一方面又态度模糊地表示："当前的形势是很危险的"，但叙利亚能够"很清晰地分析当前的形势"。这个暗示意味着，阿萨德在是否采取亲苏立场上是模棱两可的。阿萨德表示，美国在调解有关中东问题的最后一刻，"出于排斥苏联的目的"，是"肯定会采取迎合阿拉伯人的步骤"的，还会采取各种各样令大马士革与莫斯科之间"关系弱化"的方法。阿萨德甚至还颇有些神经质地提出了"诱惑"苏联上钩的建议，他告诉普里马科夫，根据他所掌握的情报，"美国人正在刺探叙利亚领导层，但他并没有对此予以积极的回应"，因为在同莫斯科的关系问题上，大马士革"不会改变自己过去的立场"。

对于莫斯科而言，大马士革要求更换巴解领导人的意愿是难以接受的，更何况莫斯科更看重的是与阿拉法特之间的合作。在如此复杂的情况下，安德罗波夫做出了决断，他决定向阿拉法特提议，让后者向大马士革做出一定的让步，但同时要加强巴解内部的团结——不能单独与以色列达成协议。而苏联方面则承诺推动巴解与大马士革之间关系的改善。

安德罗波夫要求苏联驻叙利亚大使向阿拉法特传达这个口信，但大使没能顺利邀请阿拉法特前来（如此一来便有可能会触怒叙利亚当局）。阿拉法特本人也很忌讳前去苏联大使馆。于是，便只得求助普里马科夫来完成这项任务，因为他与巴解领导人已经认识很多年了。普里马科夫一方面将苏联大使的任务担到了自己肩上，另一方面成功地说服阿拉法特来到了苏联大使馆。阿拉法特表现得很震惊，表示愿意与阿萨德举行会谈。普里马科夫完成了这项使命，他向阿萨德提出当面谈谈有关他和阿拉法特关系的建议，并着重指出巴勒斯坦与叙利亚双方所持立场的一致性。阿萨德表示会考虑与阿拉法特会晤的可能性，在此情况下，在这段时间里普里马科夫便致力于缓解巴勒斯坦人与叙利亚人之间的紧张关系。

与此同时，政治局要求普里马科夫在莫斯科完成一项十分重要的外交工作——为旨在调解大马士革与巴格达之间矛盾冲突的叙利亚—伊拉克高级代表会谈做好准备。此时的苏联领导层倾向于非正式的外交渠道，即通过普里马科夫多年以来与阿萨德以及萨达姆建立起的私人关系。这位东方学研究所所长首先与伊拉克领导人会晤，萨达姆表示愿意接受苏联的提议并派遣副总理兼外交部部长阿齐兹参加莫斯科会谈。在这之后，普里马科夫又到了大马士革，在那里他获得了叙利亚总统相似的承诺，出于"对等原则"派出副总理兼外交部部长哈达姆前去莫斯科。由于这位东方学研究所所长卓有成效的"穿梭外交",1983年7月底阿齐兹与哈达姆在莫斯科举行了长达两周的会谈。从表面上看,苏联领导人没有向巴格达或是大马士革派出过任何一位使者,也没有对任何一方做出过任何的承诺,对会谈的成果也没有任何的贡献。因此,尽管是普里马科夫通过自己出色的表现创造出了这样的机会,但他的功绩却只能是不为人知的。

五
改革与新思维的震中

普里马科夫在1985年时第三次来到世界经济与国际关系研究所工作，接替已经升任苏共中央宣传部部长的雅科夫列夫担任所长。此时，苏联的改革大幕已经拉开，"体制内的持不同政见者"获得了新的机遇。普里马科夫也加入了这支与戈尔巴乔夫团队展开密切合作的队伍，研究意识形态的重建以及"新思维"问题。1987年夏季，研究小组按照雅科夫列夫提出的建议，在阿布哈兹的国家别墅里讨论了相关的问题，普里马科夫作为其中的一员参与了讨论。在这之前，普里马科夫曾经有两次陪同戈尔巴乔夫与里根会晤，第一次是1985年11月的日内瓦，第二次是1986年在雷克雅未克。因此可以毫不夸大地说，普里马科夫不只是"新思维"理论基础建构者之一，也是该理论在美苏关系上付诸实践的见证人。

与此同时，普里马科夫的国际交往也拓展到了更为广阔的空间，不但级别有所提高，内容也更加丰富。他们所做的已经

五 改革与新思维的震中

不再仅仅是负责政治高层的外交事务,而是涉及更高层级的内容,如研判国际体系、世界文明未来发展方向等等。紧接着,普里马科夫在1986年的时候成为罗马俱乐部①的一员,这是一个由国际问题领域的专家和学者组成的交流平台。原本罗马俱乐部主席向戈尔巴乔夫建议的人是苏联全联盟系统研究科学研究院院长格维阿什尼,再加上其他两位或三位苏联代表。苏共中央针对这一邀请做出决定,除了格维阿什尼之外还要推选三个人去参加罗马俱乐部,他们选中了身为科学院院士的普里马科夫、莫斯科大学校长罗古诺夫和作家艾特玛托夫。

在这一段时间里,苏共中央总书记似乎并不太关注这位世界经济与国际关系研究所所长,虽然他们算得上是同龄人,也是志同道合者,而且后者还是一位颇有资历且拥有丰富经验和专业知识的国际问题专家。但在高层党务工作者看来,这类人所从事的都是所谓非生产工作,毫无疑问,那都是些待遇很好的闲职;而起到最主要作用的还是那些忠诚的干部,他们建议戈尔巴乔夫要永远确保实实在在地掌握权力,于是苏共中央总书记决定让普里马科夫"挪一挪地方"。

1986年11月在结束了印度的出访之后,戈尔巴乔夫很快就向普里马科夫表达了要将其任命为驻印度大使的想法;只不过是因为妻子患病,普里马科夫才拒绝了这项建议。于是戈尔巴乔夫便打算将普里马科夫调动到党的体系之中:普里马科夫

---

① 罗马俱乐部(Club of Rome)是一个以全球问题为主要研究对象的重要智囊机构,成立于1968年4月,其总部设在罗马,具有一定的全球影响力。——译者按

在1986年当选为苏共中央委员。但这只是为其下一步的调动做一个铺垫，——直到1989年时才迈出了下一步。在1989年访华之前的一个月，戈尔巴乔夫向普里马科夫提出有意安排他出任苏联最高苏维埃联盟院主席一职。普里马科夫表示愿意接受这一任命，这次职务安排意味着普里马科夫由此彻底地从学院派投身到了大政治之中。他的生活打开了新的一页。

显而易见的是，之所以这样快速地将普里马科夫提拔到这样一个高位，是与即将进行的访华之旅直接相关的——要对此次出访提前做出一个研究结论。在普里马科夫的领导下，世界经济与国际关系研究所呈交了一份题为《有关苏中会谈的预测》的报告，在这份报告中详尽地列举出所有尖锐的问题，而这些是以戈尔巴乔夫为首的访华代表团无法回避的。

报告是以双方的立场为出发点的，特别向己方提出了必须予以重视的一系列问题，尤其是当苏联与中国所进行的这一场会谈是在"不正常状态下进行的"。首先，北京与亚太地区的美国和日本之间"蓬勃发展的关系"正在发生变化；其次，中国拥有"太平洋地区大国的地位，而且与之保持正常关系是苏联所不可或缺的"。报告还指出，苏联所面临的难题是："中国并不像某些行为刻板的国家，而是极有可能发生政策上的彻底转变"。

报告指出，还有一个非常重要的因素，苏联领导层应该在与中国领导人会晤时予以足够的重视，后者至今在"看待苏联与其他社会主义国家间关系的问题上与过去没有什么变化"。

这种"简单的认识"导致对方仍旧持过去的看法，即任何一个社会主义国家的国家利益在原则上都不被允许与苏联的国家利益有相违背之处，也就是说，社会主义阵营内部的国家间关系只能是盟友而不能是其他类型的。

于是乎，这种普遍存在的谬见便导致了一种观点："苏中关系未来最好的前景就是实现两国利益间的平衡，这就意味着双方都处于相同的地位。"值得注意的是，报告的撰写者并不是只提出了最为理想化的方案，比如试图去恢复此时已经不合时宜的社会主义阵营——毕竟，中国对不久之前还剑拔弩张的两国关系记忆犹新，其中还包括珍宝岛上的武装冲突，因此，两国间的合作关系建立在共同利益的基础上会比建立在同盟关系上更为明智。

报告的结尾处提出：目前的形势发展表明，戈尔巴乔夫和他身边的人都应该清楚一点，"在苏联和中国这两个社会主义大国之间存在许多意识形态、理论观点以及政治责任上的共同之处，这些都有助于推动两国发展极有生命力的国家间关系"。从目前的情况来看，两国间存在的相互抵触问题是关于"国际社会"的，这个问题可以归结为双方对对方的"民族特性估计不足"，应积极地将中国的现代化建设与苏联的改革相联系，以此为基础逐步解决这些问题。

报告提出，最值得注意的因素是中国的实际最高领导人是邓小平，他此时还担任中国共产党中央军事委员会主席以及中华人民共和国中央军事委员会主席的职务，但他的影响力并不仅来自他所担任的职务，而是来自他那崇高的政治威望。因此，就"苏联与中国关系令人遗憾地"发生了破裂一事，不宜专门进行讨论，而且在和邓小平单独会晤的时候，应该"依照中国传统的伦理道德，对年长者和资历深厚者表达尊敬之意，而不要努力为中苏关系破裂过程中苏方的做法进行辩解"。

由于掌握了要领，在苏联领导人已经许久没有到访北京之后的这一次出访中戈尔巴乔夫达到了自己的目的。在双方就边界问题进行的谈判中，普里马科夫的意见也起到了极其有益的作用。

自1989年5月起，普里马科夫的议会生涯开始了，与之前有所不同，此时的苏维埃已经吸引了民众的注意力。苏维埃举行的会议也时常被电视台转播，普里马科夫作为最高苏维埃中联盟院的主席，也时常要出现在电视屏幕上。出于加强党对普里马科夫新职务的领导目的，1989年秋季其被擢升为中央政治局候补委员。但普里马科夫很快就明白了一个道理，尽管代表选举制进行得热热闹闹，苏维埃机构也确实在国家政治中扮演了不可或缺的角色，但其实并不具有直接的权力。普里马科夫是一个事业型的人，尤其是在戈尔巴乔夫上台之后，他更加习惯于将自己定位为对许多重大决策提出指导意见的角色，苏维埃中类似于摆样子的角色令他感到苦恼；与其在麦克风面前讲话，还不如过去在世界经济与国际关系研究所能够为国家做些有实际意义的工作。苏共中央的组织部门对最高苏维埃一直行使着"监督"的职能，苏维埃主席必须按照前者的意愿来行事，不允许表现出更多自主意识。

在戈尔巴乔夫当选为苏联总统并成立总统委员会之后，普里马科夫也进入了这个委员会之中，但他决定辞去自己最高苏维埃联盟院主席的职务，将全部的精力投入到新的工作上。普里马科夫在总统委员会中负责处理对外经济方面的工作。他同时还参与到了有关新联盟关系的筹划工作当中，并提出了自己的建议。他认为应该首先签署各加盟共和国间的经济协议，因为在经济协议得以顺利签署的基础上，才有可能签署政治协议，在普里马科夫看来，这是唯一可行的道路。戈尔巴乔夫的改革追随者们都表示同意这个观点，包括雅科夫列夫、梅德韦杰夫、沙赫纳扎罗夫、切尔尼亚耶夫等等。但戈尔巴乔夫本人却否决了这个建议，他很担心这样一来，各加盟共和国的领袖签署新条约的积极性会大大减弱。

当普里马科夫还在最高苏维埃联盟院主席位置上时，在苏联最后的时光里，他曾经非常积极地参与到了化解苏联境内各种冲突的工作中。1989年8月，普里马科夫向戈尔巴乔夫呈交了一份报告，就恢复国内秩序问题提出了自己的具体建议，针对的对象是卡拉巴赫。1989年1月，卡拉巴赫地区自行成立了自治机构，宣布结束中央政府对其的管辖权。普里马科夫要求州党委和州苏维埃恢复工作，结束卡拉巴赫当前的自治模式，即进入紧急状态，包括通过人口管理部门对进出卡拉巴赫予以管控，解散非法权力机构以及清理连接阿塞拜疆共和国内卡拉巴赫地区与纳希切万地区交通线上的路障。普里马科夫在报告中强调，可以通过实际提高卡拉巴赫在阿塞拜疆的自治权来解决这场冲突。但领导层并没有对这份报告予以任何回应。

1990年1月，巴库突然发生了针对亚美尼亚人的屠杀事件，戈尔巴乔夫派遣普里马科夫、中央书记季连科以及部长会议副主席多古日耶夫一同前去处理此事。这个代表联盟中央的小组与阿塞拜疆人民阵线领导人进行了会商，但未能说服后者。在这些日子里，普里马科夫甚至走出了阿塞拜疆共和国党中央的大楼，来到群情激愤的人群面前。

几个月后的11月份，作为总统委员会一员的普里马科夫与阿塞拜疆党中央领导人姆塔里波夫以及亚美尼亚最高苏维埃主席特尔—彼得罗扬一道，就恢复阿塞拜疆境内秩序与解除危机的问题制定出了"一整套"的方案。这"一整套"方案认为1988年承认卡拉巴赫运动是今天全面危机的起点，建议在卡拉巴赫举行选举，承认其作为阿塞拜疆领土一部分的新地位以中止当地的紧急状态，并采取其他一系列旨在停止冲突的手段。姆塔里波夫和特尔—彼得罗扬表示支持该方案。但这"一整套"方案最终并没有发挥预想的作用。

六
已崩塌的两极世界

由于参与了1990年秋至1991年冬伊拉克与科威特危机的调解工作,全世界的政要们得以认识普里马科夫这位国际问题活动家。1990年8月,伊拉克入侵科威特,国际社会普遍认为这场冲突会以政治调解的方式得到解决。尽管联合国安理会对伊拉克做出严厉的批评,但此时并没有哪一方真的认为需要动用暴力;而具体需要采取什么样的手段来中止冲突,谁也不清楚。在苏联领导层内部,对此问题也是意见不一的。外交部部长谢瓦尔德纳泽坚决反对此时与伊拉克展开官方的交流。戈尔巴乔夫的态度也不是那么坚定,他决定派遣普里马科夫作为苏联总统的代表,前去伊拉克面见与其相识已久的萨达姆。在这种情况下,普里马科夫由于其非官方的特使身份,拥有了一定的自由发挥空间。普里马科夫很快就见到了萨达姆,他告诉后者伊拉克有可能会失去苏联专家的协助,并且贸然忽视联合国安理会态度严厉的决议是很危险的,建议他从科威特撤回自己的军队。

普里马科夫与萨达姆在科威特危机期间的第一次会面是在10月5日，萨达姆承诺放所有愿意离开伊拉克的苏联专家出境，但在从科威特撤兵的问题上却态度十分坚决，尽管普里马科夫已经将情况都如实地告诉了他——来自联合国军的打击已经是迫在眉睫了。于是，萨达姆提出了一个撤兵的附带条件，在有助于巴勒斯坦问题解决的情况下，他可以接受"有条件的"撤兵要求。

普里马科夫回到莫斯科后立即向戈尔巴乔夫报告了他与萨达姆会谈的结果，苏联总统决定将相关信息通报给美国、法国、埃及、叙利亚、沙特阿拉伯，告诉这些国家的领导人：如果接受萨达姆从科威特撤兵的条件，那么联合国安理会在调解以色列与巴勒斯坦问题上所付出的努力必将付诸东流。戈尔巴乔夫决定再次派遣普里马科夫前往伊拉克，与萨达姆会谈。普里马科夫此次前去巴格达，是得不到外交部帮助的，是真正的单独行动。谢瓦尔德纳泽怀疑普里马科夫在觊觎自己的位置，为防万一，他决定为普里马科夫尽可能地设置障碍：在普里马科夫即将与美国总统会晤之前，他联系美国国务卿向老布什发出暗示，不要对普里马科夫过于重视。

12月中旬，普里马科夫接连到访了意大利、法国、美国和英国的首都，向这些国家的领导人转达了戈尔巴乔夫的口信：伊拉克是否会从科威特撤军取决于巴勒斯坦问题的解决。尽管罗马和巴黎都对苏联的倡议很感兴趣，但真正的决定只能是由

六 已崩塌的两极世界

盎格鲁—撒克逊人来做出。但这并不意味着莫斯科将来没有参与其中的可能性，苏联总统的使者对此仍有主导性的建议。

戈尔巴乔夫又为普里马科夫安排了新的工作：去开罗、大马士革、利雅得。在那里普里马科夫必须努力让这些国家达成共识，这将有助于萨达姆听取外界的建议。在这之后，普里马科夫直接去了巴格达，为的就是将这个情况带给伊拉克领导人。在会谈中，普里马科夫再一次向萨达姆发出警告，如果他不从科威特撤军，西方国家对其进行打击就是不可避免的了。叙利亚、埃及和沙特阿拉伯的领导人在不同程度上都同意戈尔巴乔夫所提出的建议，他们还纷纷就此添加了自己的要求。尽管阿拉伯国家的领导人都表达了有意调解科威特危机的想法，但最终萨达姆并没有向普里马科夫说出什么新观点。

1991年1月17日，多国部队向伊拉克发起了代号为"沙漠风暴"的军事行动。到了2月份戈尔巴乔夫再次派普里马科夫前往巴格达会见萨达姆——这是他在此次危机中第3次出访伊拉克。2月16日，普里马科夫见到了萨达姆，向其转达了莫斯科的正式建议，要求伊拉克迅速宣布从科威特撤军并归还所侵占的领土，以此避免多国部队的地面进攻，因为进攻一旦发起，伊拉克必将彻底战败。但萨达姆却表示，在几天之后他才会宣布准备撤军的消息，而且从科威特撤军需要一定准备时间才行。实际上此时伊拉克根本来不及对地面进攻做出有效的防备，2月24日多国部队发起了地面军事行动。

自1990年年底撤销总统委员会之后，普里马科夫仍然留在戈尔巴乔夫身边工作，1991年3月进入安全委员会任职。安全委员会是取代总统委员会而成立的机构，但委员数量明显比之前要少很多。因此，普里马科夫进入安全委员会足以证明戈尔巴乔夫对他的看重。在最高苏维埃讨论有关安全委员会的人选时，普里马科夫并没有被通过，他是在戈尔巴乔夫一力保举并做通了代表们的工作后才得以顺利入职的，戈尔巴乔夫对他的信任由此可见一斑。

尽管如此，我们也不能简单地认为苏联总统与他的这位助手间的关系是亲密无间的。1991年1月，普里马科夫给戈尔巴乔夫写了一封信，其中的内容有关他们不久前的一场对话。戈尔巴乔夫对普里马科夫说"你脱离实际了"，于是，普里马科夫决定提出辞职。"这不是一个一时做出的决定，但无论如何，首鼠两端或胆小怕事的人是做不出这种事情的。"普里马科夫在信中写道。在最近一段时间里，他已经"明显地感觉到"戈尔巴乔夫对自己的态度发生了变化。普里马科夫也并没有隐瞒另一个辞职的原因，那就是他现在"更加积极地投入到了一些不那么被需要的事业之中"。普里马科夫在信中正式向戈尔巴乔夫提出了自己的要求，希望"能够回到苏联科学院工作"。也许他们在此之前曾经在一些问题上出现过不大的争执，但从这封正式信函中我们可以发现，普里马科夫对戈尔巴乔夫在当时复杂条件下的工作成绩是不满意的。

不论是在总统委员会还是在安全委员会，普里马科夫负责的主要是对外经贸方面的事务。在苏联解体之前这几个月的时

六 已崩塌的两极世界

间里,普里马科夫一直在处理相关的问题。

比如,在苏联与经互会成员之间的互惠问题上,普里马科夫努力维持着哪怕是最低程度上的合作关系。为达到这个目的,他建议从总体上将外贸模式改为外汇结算,并继续保留易货贸易的形式,最起码在工业加工领域应该如此。于是,普里马科夫在1991年秋季向戈尔巴乔夫呈交了一份报告,就苏联与原经互会成员国之间单纯通过外汇结算的危害性进行了论述。普里马科夫向总统发出了劝诫,认为单纯通过外汇结算的方式必将"损害苏联与东欧国家的经济发展",将来会出现"在部分领域完全停止贸易合作"的情况。为了避免这种情况的发生,普里马科夫建议"走以货易货的贸易方式来解决这个问题",尤其是在"工业制造领域"更需如此。

在普里马科夫的个人资料收藏当中,保存着一份机打的文件,题为《当前苏联中央与加盟共和国之间在外贸领域的迫切问题》。根据日期显示,这份文件是普里马科夫在1991年上半年参加联盟新条约起草工作后写就的。在这份文件中,他多次强调了自己的原则性立场——对新情况做出充分的思考但并不因此而伤害过去在历史中形成的事实基础。这份文件的重点在于就保障经济发展的问题提出了重要的措施,核心思想就是不可以分割重要的基础设施、削弱国家在整体经济发展中的规划作用,简而言之——各加盟共和国不可以抛开中央擅自行事。

普里马科夫的建议是有其现实意义的,但并没有产生真正的社会效应。在中央和加盟共和国之间存在"进出口的配额与许可证"分配问题,在偿还外债的问题上也需要国家中央银行对各加盟共和国的相关机构进行管理。普里马科夫在报告中谈到了苏联先与东欧国家解除过去的经贸合作方式,之后采取一种通过增添所需职能,使苏联能够以国际贸易组织下的一般成员身份同这些国家展开合作的方法,这些都是正确的举措。

1991年夏季,在世人瞩目的俄罗斯历史上第一次总统选举之后,普里马科夫呈交了题为《对联盟条约问题的思考》的报告,在这份报告中,他向联盟领导层提出了预警:必须警惕包括俄罗斯在内的各加盟共和国对主权的无限制追求问题。普里马科夫指出,"我们每一个人都必须清醒地意识到,主权的丧失会导致国家崩溃的后果,尤其是国际社会刚刚告别'冷战'之际,这会在国际关系的问题上引发难以预测的后果"。当时不少加盟共和国的代表在新联盟条约签署之前,纷纷发起了对主权的声索,而普里马科夫对此现象进行了尖锐的批判。

苏联的经济空间是一个整体,应该指出的是,这个整体事实上并不具备"成体系的市场且自发地连接在同一个经济空间之内"的基础。而从整体上进行西化会导致国家的主权受损,不利于苏联的国家利益,因为后者实际已经拥有了"统一的经济空间,并且通过亿万根线将其中的各个部分连接在了一起"。普里马科夫对某些"总体性"方案持批判立场,因为这些方案都要求首先"解除"现存的联盟与共和国之间的义务关系,然后再建立新的联盟;他认为这些方案的提出者根本就没有考虑到历史所形成的统一联盟中已经存在着的完整的经济

六 已崩塌的两极世界

空间。

在这之后，普里马科夫思考了有关苏联与社会主义实验所产生的危机问题，提出了具有综合意义的解决方案。比如说，普里马科夫认为现代化是一项整体性工程，而且并不局限在政治与经济领域，还涉及社会、司法、意识形态和文化等领域。但这些领域的变化肯定会引起许多相互矛盾的问题，而"威权主义有能力完成现代化的使命"。改革与新思维之所以遭遇失败，在很大程度上是因为经济没有搞好。

与对苏联解体原因的传统认识有所区别（一般认为苏联解体的原因是"统治体系的危机"，特别是中央与加盟共和国之间关系的断裂，以及叶利钦与戈尔巴乔夫之间的个人权力之争，来自西方国家的破坏作用，等等），普里马科夫则认为最大的问题在于这一段困难时期"弱化了党的领导"而引起的"意识形态空虚"，因为当时有许多中央政治局委员还担任着加盟共和国第一书记的职务。普里马科夫的观点早在党中央权力刚刚开始出现分散化趋势的时候就已经得到印证，那时苏联的联盟一级党组织的领导模式开始发生变化，自那时他就开始对此问题进行密切的关注和仔细的研究。

1991年春夏两季，普里马科夫了解到许多从国外购买的设备处于闲置的状态，问题产生的原因是联盟一级的管理层与加盟共和国地方政权之间的矛盾。在进入国家领导层之前，普里马科夫就对外贸系统的腐败、资本的输出、向西方国家出卖军事装备等许多的违法行为有所了解。同时普里马科夫仍承担着许多重要的外交使命。5月底的时候，受美国总统老布什之邀，普里马科夫陪同部长会议副主席舍尔巴科夫以及经济与政治研究中心主任亚夫林斯基出访华盛顿，商讨有关苏联当前的经济形势以及向莫斯科提供贷款的可能性问题。事实证明，在戈尔巴乔夫班子中普里马科夫在经济问题上的影响力是比较大的，他成了苏联总统与"七国集团"之间进行谈判的"夏尔巴人"①，会议于1991年7月17日在伦敦召开，但并没有达成任何有积极意义的结论。

  我们有必要在此描述一个尽管看上去不那么重要，但从国际政治的角度看却很有代表性的事件。1991年6月中旬，在戈尔巴乔夫将要参加的"七国集团"伦敦峰会召开前一个月，普里马科夫按照总统的指示与联邦德国总理科尔的特使科勒见面，商讨有关以苏联总统名义发言的问题。

  科勒在峰会召开前夕向普里马科夫转达了"七国集团"领导人的意见，他们认为伦敦峰会将会是一场"有戈尔巴乔夫在场的高级别会议"，但这并不意味着他们对苏联国内缓慢而不彻底的变革所持的批评态度有所改变。科勒试图让普里马科夫明白一个事实：与"七国集团"的其他成员国不同，联邦德国在峰会上就苏联的问题"打算发挥更加正面的作用"，而且还会继续坚持苏联所盼望的"一揽子援助计划"。

  受到这个有利信息的鼓舞，普里马科夫决定踏上出访西方

---

① 分布在中国西藏和尼泊尔的部族，善于登山，被誉为"喜马拉雅山上的挑夫"。——译者按

国家之旅，这对当时的苏联来说是至关重要的。其中很重要的就是所谓的"重组外债"问题，特别是获得"稳定基金"的支持，这一部分外汇将被用于助推"卢布的自由兑换"，以及对苏联经济的"计划性慎重投资"——投入到其"基础工业部门"、"农业生产的重建"以及"人民所需的商品生产"等领域。

然而科勒在联邦德国向驻扎在原民主德国领土上的苏军支付撤军相关费用的会谈上，明确提出"在这个问题上支付一两千万德国马克是不现实的"。按照普里马科夫对此事的看法，这一番话简直是让他感到"被泼了一盆冷水"，虽然科勒之前所表达的"迫切需要解决的双边问题"事关联邦德国与苏联的长期合作，双方如果"协调配合"得当可以提高德国在"七国集团"中的话语权，但科勒事后对此予以否认。

通过戈尔巴乔夫在参加"七国峰会"时的准备材料，我们可以发现普里马科夫为此付出了巨大的努力。因为我们清楚一点，在1991年的夏季，苏联总统的主要注意力已经不可能放在这些问题之上；由此我们也可以察觉到，在当时情况下，普里马科夫在重大政治问题上发挥了关键性的作用。

七

国家动荡时期的俄罗斯对外情报局局长:间谍与外交家

在 1991 年 8 月那场规模不大的政变之后,普里马科夫于 9 月 30 日被任命为苏联克格勃第一副主席。当时在克格勃机关发挥实际作用的是主席巴卡金,因此普里马科夫并不是真正拥有权力的人。巴卡金在"八一九"事变后被任命,马上就着手对克格勃进行改革,将领导层中许多牵涉政变的人革职处理,并将那些受到自己信任的新人安排到这些空出来的岗位上。从这个意义上讲,普里马科夫无疑是一个很理想的人选:他与巴卡金是同时进入克格勃工作的,在政变发起的第二天,也就是形势最为胶着的那一天,他与巴卡金一道发表了声明,反对成立国家紧急状态委员会并敦促后者尽快释放戈尔巴乔夫,一天后,俄罗斯苏维埃联邦社会主义共和国副总统鲁茨科伊便飞往了福罗斯。

尽管巴卡金与普里马科夫在"八一九"事变中的表现很一致,但他们在事后的工作思路上却出现了很大的差别。巴卡金

七 国家动荡时期的俄罗斯对外情报局局长：间谍与外交家

在对克格勃进行机构改革时犯了很多错误，他的行为是缺乏思考的，导致出现了严重的干部损失情况，也背离了克格勃保卫国家的职能初衷。而普里马科夫在担任克格勃情报部门领导的这一段时间里，一直都采取较为平和的工作态度，他将主要注意力放在两大任务上：第一，尽力保护事变之后在位的苏联与俄罗斯政府高层；第二，为第一局即情报局赋予新的使命，令其在保卫国家传统安全的同时，着力制止自1990年年初便不断深入发展的危机态势。

毫无疑问，普里马科夫所做的努力对稳定局势是有积极意义的，在他领导克格勃总局期间，明显能够看出第一局逐渐从克格勃机关中脱离出来，开始独立地工作。在普里马科夫接受新职务之后的一个月，这一切就已经很明朗了：第一局从附属于克格勃转而独立为苏联中央情报局，在苏联解体之后，又成为俄罗斯联邦对外情报局。情报局成为独立的机构，意味着这个单位得以有机会躲过苏联解体之初的一系列灾难，其余的原克格勃机关就没有这种好运气了，那些单位在刚刚进入后苏联时期便都遭遇了严重的破坏。

与此同时，由于组织架构保护得比较好，情报局的整体潜力就显得比较突出，情报局并没有辜负自己的能力，很好地适应了新的形势需要。此时形势的发展已经迫使情报局必须提高自己的业务水平，行事也要更加地周密，力求在一个更加讲求公正的环境下生存，而且今后也不可能再获得像之前那样多的经费了。在当时的条件下，将这样正确的管理理念付诸实践是普里马科夫的一件功劳。

普里马科夫花了很多的精力去准备《对外情报工作法》，该法案在俄联邦对外情报局成立半年后（1992年夏季）被审议通过。正因如此，对外情报局成为俄联邦政府直属机关中第一个实现规范化工作的单位，也正是因为普里马科夫的努力，对外情报局得以继续保留——在苏联解体之后，很多机关都为自己的前途感到忧虑，担心因为冷战的结束而失去存在的意义。《对外情报工作法》的颁布意味着对外情报局为自己在新生的俄罗斯找准了位置，将主要的工作方向放在了防御外部势力上，而不是针对某些"改革者"采取恐怖行动，从而免除了很多人的担心。

在处理来自国外的安全威胁的同时，普里马科夫还要努力避免发生在情报局内部的危机，核心问题是自1990年年初开始出现的工资过低的情况，该情况已经导致特工们难以维持正常的生活了。作为对外情报局的局长，普里马科夫想尽办法去挽留住这些硕果仅存的特工人员。他成功地提高了特工的基本工资，并设法提高额外补助，保住了医疗报销和其他的相关社会福利项目，甚至在一定程度上恢复了在苏维埃时期本来是免费的东西——福利分房。

对于普里马科夫而言，最需要他去解决的是提高对外情报局的业务能力，这是对外情报局工作的重中之重，也是财政优先保障的部分。最主要的问题是必须要找到当前俄罗斯内外关系处理的正确路线，这在情报局工作历史上是一个不存在的问

七　国家动荡时期的俄罗斯对外情报局局长:间谍与外交家

题。为了能够处理好这个问题,对外情报局必须首先明确自身的战略地位——在俄罗斯国家安全保卫工作中所发挥的作用及所拥有的地位,要了解自己的对手,还要清楚能在多大程度上与其展开合作形成依赖关系,要清楚国家所面临各种威胁的层级,其中还包括许多在20世纪末才出现的新问题。

为了明确无误地完成这些任务,对外情报局必须完成去政治化的改造,让自己从国内政治中抽身出来。准确地说,对外情报局不可以参与国内政治。普里马科夫对此做出了相应的解释:"对外情报局不参与俄罗斯国内的政治生活。当然,每一位特工或工作人员都可以,也都有必要对俄罗斯国内的这个或那个政治与社会力量报以同情或厌恶,但不可以在自己的日常工作中有所体现——只可以考虑是否符合国家的、民族利益的问题;这与对外情报局的去政治化是完全相符的。"

在谈及对外情报局去意识形态化和去政治化的问题时,普里马科夫并不是简单地从一般意义上去看待,而是做出了严格的要求。在普里马科夫看来,如果想要从过去的历史中走出来——东方社会主义阵营(其最后之所以消失也是因为发生了去意识形态化和去政治化)与西方之间的对抗状况,就不能再出现国家间或是国家集团间对立的情况了。这段历史已经过去了,在苏联解体之后,俄罗斯与原东欧社会主义国家间的关系也走入了一个新的阶段:已经不再有恒定不变的意识形态壁垒将这个世界划分为两个部分,而是由于"国家利益分配"的问题产生了许多新的"壁垒",世界将会因此而变化无常。

有鉴于此，普里马科夫赋予自己领导的对外情报局新的使命："对外情报局必须展开'全方位'的工作，但只局限于那些会伤害俄罗斯利益的问题；拒绝全球化以及与西方一体化，这是我国的生存需求；因此，我们必须完成多样化的任务，还要具备足够的灵活性使我们能够用上全部的力气并尽一切可能。"

为了能够很好地完成工作重点与方向的转变，对外情报局必须要进行体制上的改组：如在对外情报局内部成立了新的部门，专门负责有关国家经济安全的问题，反对一切意图损害俄罗斯国家利益的不平等竞争以及阻挠俄制产品销售的行为——主要是指在全球军火市场上的俄制武器；还成立了专门负责确保他国按照合同执行与俄商贸合作的部门，并负责对那些有意与俄罗斯签署贸易协定的国家进行考察。普里马科夫在自己的回忆录中曾经提过一个很有代表性的案例：1995年时，巴基斯坦曾经向俄罗斯提出购买一大批军用飞机，用以威慑美国，因为后者正试图干涉巴基斯坦的核计划，但这必将迅速恶化新德里与莫斯科之间的关系。在这个问题上，对外情报局认定，巴基斯坦事实上根本不具备支付这笔军用飞机购买费用的能力。

除此之外，对外情报局还成立了专门负责销毁大规模杀伤性武器的部门，在这个问题上，对外情报局必须和他国的情报机关展开严肃的合作。这些合作有利于解决大规模杀伤性武器扩散的问题。较大的西方国家都在俄罗斯设立公开的情报搜集

七 国家动荡时期的俄罗斯对外情报局局长：间谍与外交家

单位，准备长期在俄展开工作，并已经逐步开始在莫斯科进行情报分析的工作了。

在成立这个部门之前的很长一段时间里，普里马科夫就已经迈出了第一步。1991年11月，普里马科夫在还担任苏联情报局局长之时，就前往美国参加了工作讨论会议，与美方就许多战略性问题进行了探讨。美方参加这次会议的有美国国家情报委员会主席埃尔马特。大约在一年之后的1992年10月，美国中央情报局局长盖茨出访俄罗斯，他不仅与普里马科夫举行了会晤，还拜会了俄联邦总统叶利钦。这些合作都是建立在平等关系的基础之上。1993年6月，普里马科夫出访华盛顿，与时任中央情报局局长的伍尔西会谈。在过了大约两个月之后，中央情报局局长又回访了莫斯科和圣彼得堡，在这期间双方就日益尖锐的波黑问题进行探讨。可以说，双方在不长的时间里搭建起了能够展开合作的平台。

在这里我们不得不讲起一件发生在1993年9月底的事件，在经历了长达数月的对抗之后，叶利钦终于决定对俄罗斯联邦最高苏维埃动用武力。在事变发生期间，普里马科夫还接见了以公开身份驻莫斯科的美国情报员莫里斯，后者受伍尔西之命，向普里马科夫询问莫斯科的事态发展情况。据莫里斯转述，伍尔西希望将普里马科夫处获得的信息作为向总统汇报的基础。事实上，作为美国中央情报局的局长，伍尔西并不只是想要得到普里马科夫对事态发展的个人见解，而是在这样一个形势不够明朗、情况随时有可能发生意想不到的变化的时候，好奇自己的同行——俄联邦对外情报局局长究竟会对自己说些什么。

对外情报局平安地挺过了 1993 年 9 月底至 10 月初的这一段时间，这足可以说明这个部门没有在那场冲突中选边站。普里马科夫后来在自己的回忆录中提及此事，是这样表述对外情报局在这场危机中所持立场的："对于当时的我们而言，参与这场冲突的代价必将是十分重大的，我们会失去自己作为间谍机关最为重要的那一部分。"普里马科夫回忆了当时叶利钦的态度：他是能够接受"我们的立场的"，而且完全清楚"对外情报局是唯一一个他当时无须打电话确认的单位"。在事变结束不久，普里马科夫就总统所颁布的第 1400 号总统令向叶利钦表达过自己的观点，他直言不讳地提出，这份总统令"并不是一个经过深思熟虑的结果"。叶利钦对此反应非常强烈："我原以为会从对外情报局局长的口中听到另一种观点的。"普里马科夫的语调十分沉着与平静，他所说的每一个字都经过认真思考："我告诉您的都是我内心所想。如果对外情报局局长向自己的总统说假话，那么情况会非常糟糕。我对这份总统令的看法是我个人的看法；而且我相信，您根本不担心对外情报局会站在反总统的立场之上。"叶利钦似乎对这个回答感到十分满意，即使在不久之后同最高苏维埃对立的危急时刻，他都没有向对外情报局打过一次电话；但在这之后却两次提拔了普里马科夫，先是任命他为外交部部长，后来派他出任政府总理一职。

七 国家动荡时期的俄罗斯对外情报局局长:间谍与外交家

正当普里马科夫精心勾画俄美两国情报机关合作之未来时,突然发生了埃姆斯事件①,彻底地破坏了之前的所有努力。首先美国发起了行动,决定驱逐以公开身份驻美的俄罗斯情报员,称其为"不受欢迎的人",实际上此人与埃姆斯之间没有任何的联系。于是,莫斯科也决定采取对等的措施,将莫里斯驱逐出境。在这之后,双方情报机关之间的合作便降到了冰点,而且此时普里马科夫也被调离了对外情报局局长的位置,对此事也不能再继续发挥作用。普里马科夫后来也承认,很明显这条渠道所发挥的作用是有限的,并不能真正破除阻碍双方深入合作的障碍,对外情报局与中央情报局这段时间所展开的合作,根本就没有减少埃姆斯事件的破坏性——这样一条"严肃、务实且经过精挑细选的道路",在获得双方共同的认可之后,却以"完全没有发挥出应有的潜力而告终"。事实上,埃姆斯事件本身只是一个借口而已,美方并不是真的有意完全废止这个对话平台。

埃姆斯事件迫使俄美双方不得不重新考量在新的地缘政治条件下如何开展情报工作,一方面过去两大阵营以意识形态划界的情况已经变化了,另一方面双方关系还和过去相似,并没有形成患难与共的合作关系。普里马科夫对此问题提出了自己

---

① 埃姆斯事件是后冷战时期美俄两国之间爆发的第一场严重间谍案件,引发了双方的高度对立,其核心问题在于苏联情报机构秘密发展的美国中情局(CIA)特工埃姆斯长期为其提供情报,使得俄方发现并逮捕了大量美国在俄间谍,对美在俄情报力量造成极大破坏。——译者按

的观点:"现在我们已经不指望在意识形态的基础上获得外部的帮助,但很多人与后苏联的俄罗斯展开合作,目的是避免单极世界的出现;由于欧洲国家的边境线出现了单方面的变化,人们开始了解到俄罗斯对实现欧洲乃至全世界战略稳定所起到的作用。"

普里马科夫为改善英国情报机关长期以来对苏联,之后是对俄罗斯的不友好态度也付出了很多的努力。在这个问题上英方首先发起了倡议,英国驻俄罗斯大使富尔于1992年夏季向普里马科夫介绍了隶属英国秘密情报局的公开情报员斯嘉丽,以及隶属军情五处的斯莱特。但英方却提出了明显带有不平等性质的要求:英方不同意俄对外情报局在伦敦开展自己的工作。普里马科夫与前任英国驻俄罗斯大使布雷特维特保持着良好的关系,在后者离开莫斯科之后也是如此,于是普里马科夫给他写了一封信。布雷特维特此时正担任英国内阁联合情报委员会主席一职,有能力对该问题的解决发挥自己的作用。1993年6月,布雷特维特来到莫斯科面见普里马科夫。双方达成了一致,俄方的公开情报员得以在伦敦开展工作。由于意识到了这个合作项目对改善俄英关系的重要性,普里马科夫决定让对外情报局副局长古尔格诺夫专门负责此事,但英方对这个人选并不满意,随着双方矛盾的激化,最终导致英方的公开情报员不得不离开俄罗斯,英方也驱逐了俄驻伦敦大使馆的一名工作人员以示报复。

与此同时,这件不光彩的间谍事件也导致了俄英这条沟通

七 国家动荡时期的俄罗斯对外情报局局长:间谍与外交家

渠道的中断,来自英方的间谍活动再次活跃了起来。1994年9月,普里马科夫在莫斯科郊区的巴尔维赫与英国秘密情报局局长富尔顿以及军情五处负责人布林德会晤,双方就恢复情报机关之间的合作达成了一致,其中还包括交换情报等深入合作的内容。自此之后直到普里马科夫调离对外情报局,俄英之间的情报合作呈现出一种很积极的态势。

在担任对外情报局局长期间,普里马科夫不止一次地前往危险的热点地区,足迹遍布远近各国。作为俄罗斯情报机关的领导人,普里马科夫深度参与了调解原南斯拉夫危机的工作。1993年1月,普里马科夫来到了贝尔格莱德与塞尔维亚总统米洛舍维奇会晤,他成功劝说塞尔维亚以积极的态度参与到波斯尼亚危机的调解工作之中;这不仅仅是为了避免遭到来自西方国家的制裁,更重要的是西方国家很有可能以此为由采取暴力手段来对付贝尔格莱德——通过北约的军事力量。为了能够让事态不要再继续恶化下去,普里马科夫建议米洛舍维奇前往日内瓦,参加有关调解波斯尼亚和黑塞哥维那冲突问题的万斯—欧文方案的讨论,以期能够在西方国家内部改变自己以往的形象。普里马科夫成功地让米洛舍维奇相信,即使后者不去参加日内瓦会议,他个人也会支持万斯—欧文方案的提议。最终,米洛舍维奇来到了日内瓦,塞尔维亚代表团也在谈判中表示同意在波斯尼亚和黑塞哥维那地区恢复秩序。

尽管引起了克罗地亚人新一轮的反对之声,即拒绝给予波斯尼亚的塞族人以日内瓦公约所规定的基本权利,但米洛舍维奇仍然继续坚持遵守万斯—欧文方案。米洛舍维奇签署了《代顿协议》，这个协议象征着波斯尼亚和黑塞哥维那地区战争的终结。塞尔维亚以及米洛舍维奇本人已经在最大程度上遵守了方案的原则。当然，国际社会对贝尔格莱德及其领袖的谅解，只不过为下一场战争——科索沃战争的爆发提供了喘息之机，因为华盛顿对南联盟在波斯尼亚战争后的处境并不满意，它此次已经做好了充分的准备。通过处理这次危机，贝尔格莱德所获得的不仅是终结了战争并且体面地走出了危机，还赢得了国际社会一定程度上的认可，被承认是巴尔干地区较为重要的一支力量。 这无疑应归功于普里马科夫的斡旋，是他推动米洛舍维奇进行了政策上的转变，接受了万斯—欧文方案。

在普里马科夫看来，冷战的终结绝不意味着全球各种冲突的减少。甚至与之相反的是，如果说之前的两极体系还能有效阻止本阵营内部的冲突，而且能够有意识地将两个阵营之间的对峙控制在一定的范围之内，使其中的问题达成超级大国间的利益平衡的话；在两极体系已经崩塌的情况下，"地区内的各种冲突明显地增多了"，这其中就包括欧洲地区。这一切已经威胁到了具有"确保各国边界安全"意义的《赫尔辛基协议》。

作为对外情报局的局长，普里马科夫还参与调解了1992年爆发的塔吉克斯坦内战。在这场内战之中，负责守卫塔吉克斯坦与阿富汗边境线的俄罗斯军队被动地卷了进去。俄军遭到了来自塔吉克斯坦武装力量的进攻；而这些武装力量有规律地进入阿富汗领土，因为那里有他们的军事基地，在修整补充后

七 国家动荡时期的俄罗斯对外情报局局长：间谍与外交家

再返回塔吉克斯坦。因此，处理塔吉克斯坦内战危机，必须首先解决阿富汗问题。

1993年7月底，普里马科夫来到了喀布尔，与阿富汗总统拉巴尼以及国防部部长马苏德进行会晤。普里马科夫想要向这两个人表达一个观点：调解塔吉克斯坦内战的问题事关俄罗斯的国家利益，也涉及阿富汗的国家利益。如果俄罗斯边防部队再次遭到攻击，俄方必定会进行必要的强力回击，这就势必导致地区内的紧张局势升级，而这是绝对不利于阿富汗的国家利益的。双方此次会晤顺利且具有建设性，作为有实际影响力的阿方国防部部长马苏德，不只是表示支持普里马科夫的建议，还帮助普里马科夫与身在阿富汗的塔吉克斯坦反对派武装领袖努尔见面。普里马科夫告诉努尔，俄罗斯准备以中间人的身份来推动反对派领袖与塔吉克斯坦总统拉赫曼诺夫之间的直接谈判。努尔表示愿意接受普里马科夫的建议，也同意让本方势力停止对塔吉克斯坦与阿富汗边境的袭扰。因此，我们可以公正地说，经过长时间努力并最终于1997年签署的塔吉克斯坦反对派与执政当局之间的和平协议，源于普里马科夫与反对派领袖的此次会晤。

在确定阿富汗谈判已经取得了成功之后，普里马科夫又飞往了德黑兰，参加在那里举行的商讨塔吉克斯坦内战调解问题的会议，并与伊朗领导人举行了会晤，后者对这个原苏联加盟共和国也具有一定的影响力。普里马科夫会见了伊朗总统拉夫桑贾尼和外交部部长维兹，双方达成了共识，一致认为通过政治调解的方式处理塔吉克斯坦内战有利于伊朗的国家利益，他们还探讨了伊朗在参与塔吉克斯坦内部对话时可能采取的方式。

普里马科夫之所以能够在对外情报局局长的位置上做出这么多的成绩，应归功于他在国际问题上的丰富经验和整体观察能力，这些都是他在世界经济与国际关系研究所长期从事的工作中锻炼出来的。不夸张地说，正如之后普里马科夫本人也曾经表达过的，由于他个人的业务水平以及对部分问题的高度重视，对外情报局的整体业务水平得到了很大的提升。与过去的克格勃第一局有所不同，而今的对外情报局并不像前者那样重视向国家领导人呈交分析报告，而是专注于分析的质量，向国家领导人呈交的更多是成型的处置建议。 就当时刚刚在苏联解体后诞生的俄罗斯联邦所面临的危险境地而言，这些都是非常具有现实意义的。普里马科夫认为，"就情报员—分析师与情报员—行动者而言，到底哪一种是更为重要的，这是一个长期以来存在的问题；一切都从未像今天这样明朗过，那就是如果没有分析步骤的话，是不可能很好地完成情报搜集工作的"。普里马科夫彻底地根除了长久以来的"惯性思维"，并建立起了"具有历史意义的情报工作准则"。

在普里马科夫的领导下，对外情报局在很多问题上都得以成功保卫了俄罗斯的外部安全。在他当政期间，还产生了许多新鲜事物。普里马科夫曾经向社会公开过对外情报局的工作重要性："对外情报局已经参与到了国家级政策的制定工作之

七 国家动荡时期的俄罗斯对外情报局局长:间谍与外交家

中。"1993年11月,普里马科夫曾经做过一份题为《北约东扩前景与俄罗斯的利益》的报告,能够充分体现出对外情报局参与国家政治的程度。这份报告指出,如果北约意图吸收中东欧国家加入,就必须要同时允许地区内所有利益攸关国家,包括俄罗斯的参与;北约东扩势必会降低该组织与俄联邦之间的合作关系。几年之后,普里马科夫就任外交部部长一职后,他还在这类问题上继续付出辛劳。

普里马科夫成功地解决了一系列困扰对外情报局的问题,而这些问题有很多都已达到了积重难返的程度。对外情报局在隶属苏联克格勃的最后几年,以及在苏联刚刚解体后的那一段时间里出现了一系列的情况——当时有不少苏(俄)方的情报人员被国外情报机构收买,成了投敌分子。在苏联解体前后最危急的那几个月中,由于安全机关陷入了全面的困境,行之有效地展开反间谍的工作成为一项特别重要的任务。为此,普里马科夫采取了好几个一直没有动用的手段来处理这个紧急情况。

普里马科夫结束了苏联时期曾经长期采用的"垂直问责制",因为这种制度下发生投敌情况并不会让相关负责人遭受什么真正的惩罚,至多是"停留在纸面上"而已。这种制度的存在,不利于建立一个富有激励性的工作环境。经过普里马科夫的重新设计,投敌叛变的问题之后再没有发生过。在此期间,对外情报局还实现了与克格勃第二局工作关系的脱离,因为这两个单位一直存在内部竞争。在与之脱钩之后,对外情报局得以全力从事海外招募和吸引旅居海外的俄侨加入自己，在俄罗斯边防人员的帮助下，这个工作进展得更快了——这就从整体上改善了俄罗斯谍报工作的大环境。

普里马科夫认为，在新的历史条件下，对外情报局已经不可能继续完全自我封闭地展开工作了，而是需要在一定程度上向国内社会和全世界公布在亚新尼沃①森林中所发生的事情。出于防止损害对外情报局正常工作的目的，要避免类似在改革时期那种没有经过深思熟虑的公开所带来的严重后果，普里马科夫要求对信息进行一个分类，明确哪些内容是可以向外公布的，而哪些是需要继续保守秘密的。普里马科夫认为："在对外情报局所掌握的信息中，能够向公众公开的唯一标准就是不能因此而损害我们的行动以及参加行动的人员，不能因为所从事的情报工作而给他们个人、家庭成员、朋友或是身边的人带来任何的伤害"。

萨莫里斯在对外情报局负责有关政务公开部分的工作，他认为在很大程度上就如同普里马科夫自己所说的那样："他始终清楚自己的主要任务，因为他接受过相关的系统性训练，他是链条上最主要的那一环，他所掌握的东西是非常关键的，不经意间就有可能从他那里流出极为重要的情报；他非常清楚一点，在系上衣扣子的时候，如果第一颗纽扣是正确的，那么剩下的纽扣也会一个个顺利地系上去，所以最重要的事情就是把

---

① 亚新尼沃是俄联邦对外情报局所在地，类似于美国中央情报局的所在地兰利。——译者按

七 国家动荡时期的俄罗斯对外情报局局长：间谍与外交家

第一颗纽扣系好！而他始终非常清楚第一颗纽扣在哪里。"

在普里马科夫的领导下，对外情报局不仅成为一个完全独立的机构，还产生了全新的自我意识，与过去的情况截然不同。这个团体不只仰仗情报部门的传统精神——源自苏维埃时期乃至革命之前，而且还进行了适应新时代的自我调整，以应对发生了剧变的20世纪末。在普里马科夫担任局长的这四年多一点的时间里，他在国内建立起了无可置疑的威望，而且也获得了国外情报机关的普遍尊重，许多国家的国务活动家与政治家都对其赞赏有加。

拉博塔在普里马科夫担任对外情报局局长期间任职副局长，按照他的话说，在亚新尼沃，普里马科夫被同事们称作"院士"，开始的时候还担心这位新上任的领导对这个称呼有所禁忌，但之后发现那是毫无必要的担心，很明显，这是一个尊称。也就是说，普里马科夫之前在科学院的工作经历以及作为新上任领导的工作作风，在拉博塔看来都是普里马科夫能够很妥善处理对外情报局各项工作的原因之一。这些经历让普里马科夫更多地获得了同事们的尊重，因为大家相信他的专业能力——他在自己的工作中始终保持着一个专家的水准。

拉博塔记得，在苏维埃时期"最高领导层所做出的重要决定，没有一个建立在专业人士所做预案的基础之上"。"有时，专家组会被安排在某一个别墅住上几天，为一个'给定的结论'做出分析报告和预案；事实上，这些专家当中有很多人都拥有世界级的眼光，甚至还拥有自己领导的研究团队。"普里马科夫"对任何专业意见都很有兴趣,哪怕是对那些最极端化的想法也是如此,如果他不同意对方提出的意见,他会论述自己的观点,而不是贬低对方,也不会运用他的权势来干扰独立的思维;也许他对自己很自信,能够看得出谁不是'盲目的执行者',而且作为部门最高领导,他总是在最后才表达自己的观点;如果他的下级还是不断坚持自己观点的话,那么普里马科夫会对那个人面带微笑地说:'如果您同意的话,我想以领导的身份……'"

按照拉博塔的回忆,普里马科夫对国家利益做出过自己的分级。最高等级的任务是保卫国家领土的完整,在这个问题上他绝不会对其他任何国家做出让步。普里马科夫认为,假如国家的经济实力充足而且政权运转平稳,是可以不必依赖暴力手段就能够完成这个任务的。往下一个等级是为俄罗斯"打造一个舒适的生存环境",这个目标的实现可以通过建立"与邻国友好合作的稳定关系"来确保。因此,普里马科夫特别重视俄罗斯与原苏联加盟共和国之间的关系,他在地缘政治的问题上付出了很大的努力,对相对远一点的国家也给予了关注。

到了20世纪90年代中期,俄罗斯国内有不少观察家都感觉到对外情报局局长已经在这个职位上做了很长的时间,他很有可能要"高升"了。当时在对外情报局内部也出现了很多的讨论,在情报局的同事们口中——"我们的马克西莫维奇"有可能要调离现在的部门了。当时最为知名的电视主持人伊萨耶夫在节目中提到了这个问题,认为将普里马科夫调离现在的职

七 国家动荡时期的俄罗斯对外情报局局长:间谍与外交家

位,会对原单位带来很大的损失。应该说,20世纪90年代的俄罗斯,高层职位中专业人士的缺乏情况已经到了令人触目惊心的地步,在联邦一级的领导职位上很需要这种富有工作经验的人,普里马科夫得到进一步的提拔是必然的。

八
登上斯摩棱斯克广场的顶峰

1995年，俄罗斯政坛的一个热门话题是外交部部长科兹列夫何时辞职。科兹列夫的外交路线总让大家想起苏联刚刚解体的那段时间。在1996年俄联邦总统大选前夕，叶利钦在车臣战争的问题上积极与持爱国主义立场的反对派进行交流，由于克里姆林宫采取了新的态度，现任的外交部部长科兹列夫就显得颇有些碍眼了。

在1995年12月举行杜马选举之后，科兹列夫离任一事已成定局，人们估计他可能的接任者中就有现任的对外情报局局长。这些猜测都被证实了：1996年1月6日，科兹列夫被免职，就在同一天叶利钦邀请普里马科夫来到了克里姆林宫，请他出任外交部部长一职。普里马科夫拒绝了这个建议，他提出的理由是如果自己出任外交部部长，可能会给西方国家带来负面的印象，而且完全没有必要在大选之前做这些职务调整，何况他已经在情报部门"生根发芽"了，并不想调离那里。

八 登上斯摩棱斯克广场的顶峰

叶利钦并没有强迫普里马科夫马上应允。在1月9日那天，当普里马科夫来到克里姆林宫呈交日常报告时，叶利钦再次提出了要求，并且态度很坚决，于是普里马科夫只得答应了这个任命。1月10日，叶利钦向外交部的工作人员介绍了普里马科夫，并且对这位新上任的外交部部长提出了未来工作的两个主要方向：在后苏联空间内展开积极的外交活动，以及针对某些重点地区和国家进行行之有效的外交工作。

在1996年1月12日召开的讨论会上，作为新上任的外交部部长，普里马科夫宣布了自己今后工作的主要方向——为保障俄联邦领土的完整而营造一个合理的外部环境，促进后苏联空间内的一体化，处理周边局部地区的矛盾冲突，以及阻止新的热点问题爆发和大规模杀伤性武器的扩散。

1996年1月间，拉夫罗夫正担任俄联邦驻联合国及安理会代表，基辛格向他了解俄新任外交部部长的情况。听完了情况介绍，这位美国外交问题的导师得出结论，俄罗斯外交部部长的更迭使得原来那个比较好说话的科兹列夫，换成了现在这个较难糊弄的普里马科夫。基辛格同时表示，对于任何一个政治家而言，最重要的事情就是要弄明白本国国家利益的优先序列。

在担任俄罗斯外交部部长的这两年零八个月的时间里，普里马科夫始终坚持着自己在那次讨论会上所承诺的前进路线。当然，在有些问题上他是直奔主题的，在有些问题上则采取了相对迂回的方式。

我们可以将普里马科夫的外交部部长生涯划分为前后两个阶段，前一个阶段是他接任该职务之后，直到1997年5月在巴黎签署了《北约—俄罗斯相互关系、合作与安全基本文件》，这个协定是俄罗斯外交部与北约国家进行了沟通之后，建立在对其审核分析基础之上所形成的方案。在这段时间里，俄罗斯与西方国家之间的对话有所增加，虽然积极的交流并没有迅速地建立起来，但在寻找莫斯科与北约各国相互理解的道路上，还是取得了不小的成就。后一个阶段是该协定签署之后直至普里马科夫离开外交部部长一职，即1998年9月出任俄联邦政府总理职务，在这一段时间里，普里马科夫所应对的外交问题是多样化的。后一阶段与之前一阶段的主要区别在于，俄罗斯与西方国家的关系出现了恶化的现象，但责任并不在俄方，而是因为北约国家在处理科索沃危机和伊拉克问题上的错误行为。

在普里马科夫的带领下，俄罗斯外交部实现了工作风格的巨大转变，不再单单从事具体的外交工作——与其他国家进行一般性的、外交辞令式的交流。外交辞令式的交流方式只能适用于国家间关系相当牢靠、没有原则性的冲突或矛盾，也没有国家利益层面纠葛的国家之间。普里马科夫施展个人外交的能力十分高超，他与德、意、法三国的外交部部长——金克尔、迪尼、德夏雷特以及继任的韦德里纳之间都建立了良好的个人关系。

曾任法国外交部部长的德夏雷特后来回忆，1998年是俄

八　登上斯摩棱斯克广场的顶峰

罗斯历史上另一位伟大的外交家——沙俄外交大臣戈尔恰科夫200周年诞辰，而此时的普里马科夫完全可以与之比肩，"此时的莫斯科，人们都在不由自主地将这两个人进行比较，因为他们所面临的国家危机情况是相似的"——戈尔恰科夫在克里米亚战争战败后临危受命，而普里马科夫则是要面对苏联解体后的烂摊子。

曾任意大利外交部部长的迪尼认为，普里马科夫拥有高贵的品质以及勇敢、诚实的品格和"令人信赖的直率的外交方式"，他厌恶一切形式上的秘密外交、双重标准和无原则行为。但这些因素并不会影响普里马科夫，他在该强硬的时候会坚定不移地表现出强硬的态度。迪尼还转述了普里马科夫曾经对他说过的一句话："俄罗斯的邻国对其进行了很好的分析，但到最后也没有真正地搞懂它"。

俄罗斯外交部部长与美国国务卿之间的关系可以作为一个鲜明的例子，奥尔布赖特从来不和普里马科夫谈起上一任国务卿克里斯托弗的事情，因为后者对其完全没有任何的好感，两人之间也没有建立起私交。但普里马科夫并没有因此而有意采取不配合的态度，而是本着务实的精神与克里斯托弗进行交流，如果普里马科夫任性地对待这个问题，俄罗斯有可能收获不了这么多的成果。

九
同北大西洋公约组织的新关系

在普里马科夫任外交部部长的"前一个阶段",他开始接受这样一种同西方国家进行合作的思路:北约东扩已经是难以阻挡的必然趋势,而俄罗斯对此表示反对也是合乎逻辑的,作为外交官,其职责在于对北约新成员国开展劝导工作,从而将北约东扩给俄罗斯带来的安全伤害降到最低。普里马科夫在与美方举行第一轮会谈时就明白了这个道理,因为美方除了俄罗斯与北约的关系问题外,闭口不谈其他任何问题。这一点在普里马科夫与美国国务卿克里斯托弗之间的对话中可以很明显地看出。

1996年2月的赫尔辛基,各国外交官云集此地进行第一轮北约东扩问题磋商,普里马科夫就此开始了为期数月的谈判马拉松。在此期间,各国间完全没有达成任何的共识。普里马科夫表达了自己的不满,认为北约东扩逼近俄罗斯的国界线引发了本国的高度警觉。克里斯托弗则推脱说,北约的各个新成

九 同北大西洋公约组织的新关系

员国都是逐步加入进来的,如果俄罗斯愿意加入北约,美国不会反对就"俄罗斯以何种方式进入北约"而做出深入调查。

在1996年3月底访俄之时,克里斯托弗明确表示不希望与俄方就北约东扩问题发生争执。在访俄之前,这位美国国务卿在巴黎公开表示:如果没有美国的领导,欧洲无法依靠自己的力量维持地区的稳定;北约不会停止吸收新的成员国,在中东欧国家之后,很有可能还会将乌克兰吸收进来,只要后者能够达到基本的要求。普里马科夫在同克里斯托弗的会晤中指出,叶利钦总统对前者在巴黎发表的观点感到震惊。普里马科夫也在克里斯托弗的巴黎讲话之后与对方进行联络,指出这种做法意味着华盛顿不相信叶利钦会在即将开始的俄总统大选中获胜。普里马科夫的态度很明确:克里斯托弗的讲话必然会导致其第二天与叶利钦的会晤难以在一个和缓的气氛下进行。

美国在推动北约东扩的问题上采取的是敌视俄罗斯的立场。1996年7月,克里斯托弗在东南亚国家联盟的安全峰会上对普里马科夫提出尖锐的批判,表示华盛顿并不打算与任何"第三国"讨论有关北约东扩的问题。普里马科夫对此做出了自己的回应:在此情况下,莫斯科将不得不着力加强自己的国防力量,并重新审视已经签署的一系列协议,其中就包括停止裁军。

在这种情况下,俄美之间没有就北约问题展开具有建设性意义的对话,普里马科夫转而采取了同其他主要北约成员国领导人以及北约秘书长索拉纳秘密对话的办法,以期和他们就俄罗斯关心的问题"对表"，从内部对北约成员国进行分化。主要方法是强调各国与俄罗斯共同利益的重要性，并寄希望于充分利用各国之间在观点上哪怕是细小的差别。

普里马科夫在欧洲所得到的东西，远比从克里斯托弗处得到的要多，并且准备好了一份应对北约东扩的计划。英国外交大臣列坎德在1996年2月第一次与普里马科夫见面时，对后者讲述了自己对俄方不安心情的理解，也承诺北约的核武器并不会出现在俄罗斯的边境线附近，而是将放在北约新成员国的领土之上。

1996年6月，北约理事会宣布了增加新盟友的必要性以及该组织的和平使命。这个决定的做出建立在俄罗斯参与北约扩大成员国事务的基础之上。在这之后的几天时间里，普里马科夫在柏林以"16＋1"的方式同北约各成员国外交部部长举行了会晤。大约2个月之后，列坎德在同普里马科夫的巴黎会谈中表示，可以考虑在不向新成员国领土布置核武器的前提下讨论整个问题。与此同时，普里马科夫与德国外交部部长金克尔交换了意见，后者继列坎德之后提出就俄北筹备条约一事建立俄罗斯－北约理事会这个平台，以供俄罗斯和北约欧洲成员国进行交流。在里昂举行的"八国集团"峰会上，法国总统希拉克向俄罗斯总理切尔诺梅尔金提出，为建立俄北新关系而计划采取一连串步骤——对北约进行改革——考虑到北约与俄罗斯之间的特殊关系，将会就成员扩大问题与俄方进行谈判。希拉克还表示，同来里昂参会的德国总理科尔也同意自己的观

九　同北大西洋公约组织的新关系

点。普里马科夫作为外交部部长,也参加了里昂峰会,他告诉法国外交部部长德夏雷特,俄罗斯打算接受这个建议。

应该说,普里马科夫与北约欧洲成员国之间进行的"多元化"外交,使得俄罗斯得以避免与美国进行单独的博弈。在普里马科夫的努力下,北约欧洲成员国基本上已经愿意按照俄罗斯建议的方式来吸收新成员了。

但美国不可能允许这种运作方式,不会答应未来北约与俄罗斯之间的关系由俄欧之间"单独"谈判来决定,于是华盛顿急忙向莫斯科提出了第一个具有建设性意义的提议:要求俄美双方展开会谈但允许北约秘书长索拉纳参加,从而促进俄方更多的是与美方而不是欧洲国家进行商讨。1996年9月,普里马科夫与索拉纳在维也纳举行了第一次会谈,在这次会谈中,普里马科夫提出了与北约意见相左的重要观点。会谈完全没有达成任何共识。索拉纳也一直强调,他无权在北约组织内部还没有进行事先讨论的情况下,提出任何有实际内容的倡议。

美国对北约东扩问题的态度也与欧洲成员国截然不同,普里马科夫在纽约与克里斯托弗举行会谈之后,对美方的立场已经有了较为清晰的认识:俄罗斯与北约之间的互动不可以影响到后者的东扩计划。北约秘书长也明确表态,对莫斯科与英国、德国和法国之间的"单独"会谈感到不满,因为在此问题上最主要的还是和美国谈判。克里斯托弗表示,希望能够在当年的12月完成俄罗斯—北约章程的起草工作,而普里马科夫则反对匆忙起草这些文件,而且也不认为这些文件能够真正起到什么作用，因为现在谈这些具体的规划内容问题还为时尚早。

在出访纽约之后，俄罗斯外交部部长对北约东扩问题的认识出现了一定程度上的反转。美国总统向普里马科夫强调，在处理包括核不扩散以及中东地区调停等一系列尖锐的国际问题上，华盛顿与莫斯科之间的合作关系是至关重要的——他个人对北约与俄罗斯之间建立起特殊关系也是支持的。普里马科夫在向克里姆林宫作有关同克林顿之间的会谈的报告时提出，通过美国总统的表态可以看出，他很有可能放弃"鹰派"的立场，同意俄罗斯在北约东扩的问题上发挥一定程度上的影响力。

与此同时，普里马科夫继续沿着自己制定的战略规划路线，在1996年年底对北约欧洲成员国展开了最后的行动，获得了很重要的成果。在这些成果中，于当年12月初在里斯本召开的欧安组织会议上通过的建立一个21世纪的共同和综合安全模式的《里斯本宣言》属于较为重要的一个。这份宣言强调指出不允许将一国的安全建立在限制他国的前提之下，还必须要听取那些并没有进入某些特定的国际政治与军事联盟的国家的意见，反对某些力量占优的国家集团凌驾于他国之上，等等。与会国纷纷表示不希望将俄罗斯孤立在欧洲和北约之外。针对这个情况，普里马科夫做出了非常简洁的评价："里斯本会议的结果表明，与会国家听取了俄罗斯的声音。"里斯本会议所形成的共识，在不久后召开的北约理事会发挥了作用，理

九　同北大西洋公约组织的新关系

事会决定不在即将吸收的新成员国领土上部署核武器。

所有之前的努力都为以普里马科夫为首的俄罗斯外交代表团于1996年12月1日在布鲁塞尔同北约各成员国外交部部长举行的集体会谈打下了基础，这是一个新的模式："16＋1"。在这个框架下，各国外交长官听取了普里马科夫就"俄罗斯—北约协议基本内容"发表的官方建议。俄方认为现在的局势有利于各方的协调工作，并支持这一路线。

经过精心的部署，普里马科夫于1997年1月在俄罗斯外交部位于莫斯科郊区的梅舍里诺官邸接待了北约秘书长索拉纳，就一系列重要问题交换了意见：俄方希望俄北协议能够确立双方在军事问题上的互信。北约秘书长对这个观点并不反对，但他也明确指出，这个问题实际上已经超出了他的工作范围——建议普里马科夫直接与华盛顿就此问题进行商讨。此次会谈之后的大约半个月，当俄方与北约成员国外交代表会晤并再次提出类似要求时，索拉纳又一次向普里马科夫提议其应直接与华盛顿进行商讨。

普里马科夫于是明白，是时候应该转而同美国进行直接商讨了，他便将全部精力放在与美方的沟通工作上。当时的情况的确也有利于普里马科夫进行这样的转折：美国国务卿人选出现了变化，克里斯托弗辞职离去，美国总统任命奥尔布赖特出任国务卿一职，继任者的专业知识要优于离任者，她曾经专门从事东欧问题的学术研究——让她把研究方向转到俄罗斯——这其实并不太难。

寻找与美国国务卿之间的共同语言是很有希望的。在1997年2月，就商讨有关俄北协议的问题，普里马科夫与奥尔布赖特进行第一次正式会晤。在这两位外交工作负责人于俄罗斯外交部大楼的第一次会晤中，双方就形成了双边交流的新调门。

当时普里马科夫带着他固有的幽默感，向奥尔布赖特表示自己曾经出任对外情报局局长，因而对各种情况是高度熟悉的："您能理解吗，由于我过去的工作性质，我对您是非常了解的。"奥尔布赖特回答道："我知道的，您是俄罗斯国家利益的忠实捍卫者；您应该也清楚一点，我也必将全力以赴地捍卫美国的国家利益；如果我们双方都能够明白这一切的话，我们肯定能达成相互之间的谅解。"在过了很多年之后，奥尔布赖特在回忆起自己同普里马科夫在莫斯科的第一次对话时，还特地补充了一句："我们后来达成了谅解。"

由于莫斯科会晤的成功，普里马科夫得以进行下一步的行动——1997年3月出访华盛顿，此次出访的目的还在于为叶利钦与克林顿即将于3月20日至21日的赫尔辛基会谈做好相应的准备。在经过了与美国总统、国务卿以及其他政府官员的几轮会谈之后，双方在一系列的问题上确定了立场，普里马科夫也完整地向对方表达了俄方的利益诉求：在有关协议的"基本内容"上，俄美两国总统必须同时发表联合声明；拒绝在日益靠近俄罗斯国境线的北约进一步扩大武装力量的部署；"基本内容"还必须确保核武器不会被部署在即将加入北约的新成员

九 同北大西洋公约组织的新关系

国领土上；同意加强欧安组织在确保欧洲地区安全问题上的影响力；在最后的结语中，俄美两国总统要宣布限制双方的战略攻击性武器数量。在之后的峰会上，这些预案都派上了用场。的确，在进入轨道之后，许多过去的设想和有创意的建议最终均得以实现。

在此情况下，制定俄北协议的进程又开始向前发展，并且是与布鲁塞尔的北约官员一同进行的，但并不是完全地按照赫尔辛基精神执行。尽管如此，此时所剩的就只是技术问题了，但谈判再一次陷入了僵局。4月中旬普里马科夫与北约秘书长索拉纳在布鲁塞尔再次会晤，他发现了一个问题——北约其实不准备落实俄方所提出的要求，北约16个成员国在部署攻击性武器的问题上并没有达成一致，即各方在面对《欧洲常规武装力量条约》时，立场是不一致的。在形势走向复杂化的情况下，俄美两国外交长官有必要举行一次新的会谈。

此次会谈被安排在了1997年5月1日至2日举行，经过这一场不同寻常的谈判，双方最终达成了共识。奥尔布赖特同意在武装力量部署规模上尊重"各国的意见"，遵循《欧洲常规武装力量条约》的规定。在新成员国不愿意扩大"现有武装力量规模"的问题上，奥尔布赖特也同意各国继续保持过去的规模水平。也就是说，如果美方是在武装力量规模上向《欧洲常规武装力量条约》做出了让步，在武装力量结构配比的问题上就必须由俄方来做出让步了。在此情况下，很难说俄美两方中的哪一方获得了更多的利益，因为这种假设本身就是不成立

069

的。但从总体上看，莫斯科通过此次谈判完全扫除了将于 1997 年 5 月 27 日在爱丽舍宫签署的协议的障碍。就当时的实际情况而言，这个协议已经是西方国家能够向俄方做出的最大让步了。应该说，这个协议之所以能够最终签订并获得这样大的成功，与俄外交部部长的不懈努力是分不开的。

当然，这个协议还需要经过历史的检验，但这已经是普里马科夫所能争取到的最好结果了。德夏雷特在回忆北约东扩的这段历史时认为，普里马科夫"保持了智慧，他清楚地意识到，自己根本没有任何办法来阻止这件事的发生"。

毫无疑问，1997 年 5 月经过妥协所形成的态势很快就面临随后爆发的南联盟危机的考验，由于普里马科夫与各国外交长官的良好个人关系，他可以采取许多有益的方法。奥尔布赖特就是其中一例，按照迪尼的回忆，普里马科夫曾经将前者称为"第二个铁娘子"，在她与普里马科夫第一次见面大约一年半后，她决定邀请俄罗斯外交部部长来做客，开场白便提到"自己家中的白蚁都已经把餐厅的立柱啃透了"。当时是她的副手斯特罗布·塔尔博特救了自己——他说服了其他的政治家。

在这次颇有家常意味的谈话中，三位政治家都表述了自己的部分不满情绪，都认为在华盛顿和莫斯科经常会出现破坏他们好不容易才建立起来的互信的力量，奥尔布赖特所提到的白蚁成为他们交谈中的一个重要比喻：在美国国务院和俄罗斯外交部当中有许多官员在"啃食"两国领导人在交流中所达成的

九 同北大西洋公约组织的新关系

共识。"自此之后,如果再次出现工作人员妨碍我们常用的交流方式,那么我们就会用我们的密语'白蚁'来称呼这种人。"奥尔布赖特认为普里马科夫是一位忠诚的国家利益捍卫者,她对后者的务实精神也赞誉有加,因为普里马科夫着力化解两个大国之间出现的一切难题。

十
普里马科夫理论在实践中的应用

1997年10月,以巴特勒①为首的联合国特委会针对伊拉克销毁大规模杀伤性武器的问题,提出了一份成见颇深的报告,在这份报告中要求伊拉克当局为特委会的下一步工作扫除障碍。围绕着这份报告,各国之间的关系顿时紧张了起来。在1990年至1991年,普里马科夫曾经飞赴巴格达为不断升级的局势做调解工作,这一次他又前往伊拉克,去调停有关联合国特委会所提出的不公正报告问题。1997年10月底,中东地区还出现了严重的阿以冲突,作为俄罗斯外交部部长的普里马科夫旋即设法与埃及和叙利亚领导人展开会谈,与之讨论伊拉克危机。穆巴拉克和阿萨德对特委会所采取的态度感到完全不能容忍。他们二人没有谴责伊拉克,而是把矛盾对准了联合国特委会。通过这一轮会谈,普里马科夫清楚地了解到了阿拉伯世

---

① 全名为理查德·巴特勒(Richard Butler),于1997年7月接替瑞典人埃克乌斯出任"销毁伊拉克大规模杀伤性武器特别委员会"(UNSCOM)主席。——译者按

十　普里马科夫理论在实践中的应用

界的情绪,这为他明确之后的工作方向打下了基础。

普里马科夫在此次危机中展现出了充分独立自主的姿态,希望通过外交手段来解决这些问题。从一方面看,普里马科夫利用了自己同阿拉伯国家领导人之间在1990年至1991年所建立起来的关系,得以与巴格达直接展开沟通,直达最高层领导人。西方国家的政治家很难采用普里马科夫式的外交方式。从另一方面看,与7年前有所不同的是,普里马科夫的政治地位已经高了许多,尤其是在他成功地与北约达成一定的共识之后,他不但获得了西方国家同行的认可,而且也有资格与他国的国家领导人直接进行会晤。

但此时的形势与当年完全不可同日而语,在"沙漠风暴"行动展开之前,巴格达明显是过错方,并导致了与联合国之间谈判的失败;但此时的联合国确实也在执行双重标准,不能客观地评价伊拉克在销毁大规模杀伤性武器上所做出的努力,并以此为诱导,引起国际社会对伊拉克领导人的严厉批评,为接下来的军事行动找借口。

普里马科夫试图在较短时间内解决这些问题,做好各方的工作。1997年1月18日至19日,他在莫斯科与阿齐兹进行了很严肃的谈判,推动后者做出妥协:巴格达宣布接受特委会的再次调查,而俄罗斯则在联合国安理会展开对调查加强监管力度的活动,并且确保特委会今后对有关核武器与导弹计划的调查会建立在更加冷静和尊重伊拉克政权的基础之上。

俄罗斯外交部部长的外交努力在第二天就得到了验证,

英、俄、美、法以及中国的外交长官齐集日内瓦,并一致表示愿意接受俄方所提出的建议,认为加强特委会在即将举行的谈判工作中的严肃性并对其工作进行监督是完全可行的。特委会在当天稍晚一点的时间也发布声明,表示接受这个建议而且在伊拉克的核查工作将会很快恢复。

但是,这并不意味着危机已经开始走向缓和。特委会将许多问题上升到了很高的高度,包括要求伊拉克当局开放许多有可能涉及大规模杀伤性武器制造的隐秘资料。伊拉克并没有阻止来自联合国安理会常任理事国的代表继续进行调查,但对特委会却采取了不予配合的态度。

应该说伊拉克政府清楚自己所面对的是一种什么样的状况,刚刚取得的互信使其无法采用针锋相对的方式来应对特委会的要求,伊拉克领导层对此问题无疑是采取了较为轻视的态度。巴格达拒绝向特委会做出妥协,这便为武力干涉提供了口实。华盛顿并没有错过这个机会:美国总统批准了空袭伊拉克的作战方案。巴特勒发言声明,巴格达拥有细菌武器。尽管伊拉克对此予以反驳,而且没有哪个国家真的相信特委会的观点,美国最终决定对伊拉克发动军事进攻。

但由于普里马科夫的外交斡旋,美国并没有能够立刻对伊拉克动武。首先,普里马科夫建议伊拉克当局采取妥协的方式接受特委会的要求,但特委会在伊拉克的核查行动必须要有联合国常任理事国派出的代表随行。先是法国总统,后是叶利钦以及意大利总理均坚持这样一种观点,并认为除此之外再无别

十 普里马科夫理论在实践中的应用

的方式可以和平地解决所面对的问题。其次,经普里马科夫首先提议,俄罗斯总统和意大利总理普罗迪于 1998 年 2 月发表联合声明,建议联合国秘书长安南参与和平解决伊拉克问题的谈判。最后,普里马科夫于 1998 年 2 月初,命外交部副部长波苏瓦留克作为俄联邦总统的特使前往巴格达,与伊拉克当局举行会谈。波苏瓦留克成功地劝说萨达姆同意借由安南的影响力来和平解决问题。1998 年 2 月底,联合国秘书长来到了巴格达与萨达姆举行了会晤,并且与阿齐兹签署了备忘录,特委会以此恢复了在伊拉克的核查工作。为了避免矛盾升级,联合国向伊拉克派出了独立的"专家组"。

尽管伊拉克躲过了此次的空袭,但包括普里马科夫在内的俄罗斯领导层很清楚一点——只要萨达姆政权依然存在,华盛顿迟早会找到一个可以动武的小借口。这个悲观的预测在不到一年之后就成真了,美国在 1998 年 12 月利用了特委会提出的问题,向伊拉克发起了空袭,但很明显巴特勒对此早有预感,并提出了反对空袭的意见。应该说,在大政治中这种现象是不多见的:战争得以推迟了一年的时间,这无疑应归功于俄罗斯外交部部长普里马科夫的多方外交斡旋。

在普里马科夫担任外交部部长期间,有如 5 年之前的情况,他再一次参与了调解巴尔干危机的工作,只不过这一次危机不是发生在南联盟与原南斯拉夫各共和国之间,而是在其领土内的科索沃地区。1998 年 2 月底,南联盟军队与科索沃解放军之间的矛盾开始激化,科索沃地方当局宣布脱离贝尔格莱德独立，但这个声明并没有获得南联盟中央政府的许可。由于阿尔巴尼亚参与到了科索沃独立的运动之中，双方的矛盾出现了迅速的升级。

在此情况下，西方国家似乎专门等待着时局的变化，并且也早已做好了准备，因为他们马上就采取了对南联盟的新一轮制裁。很明显，西方国家的目的在于令20世纪90年代初没能完全被肢解的国家在此时完成彻底的分裂，西方国家尤其是美国之所以会纵容阿尔巴尼亚族分裂主义分子的行为，真正的原因正是如此。

摆在俄罗斯外交部部长面前的任务非常艰难：既不能破坏与西方国家之间的关系，莫斯科刚刚与之就北约东扩问题达成了难得的共识；同时还要向全世界展示自己的和平意愿，俄方是不愿意看到巴尔干问题继续走向恶化的，尽管米洛舍维奇在成为南联盟总统之后，一直致力于维护本国的国家利益而显得那样难以琢磨。其实普里马科夫也同米洛舍维奇一样，致力于维护本国的国家利益，在他担任总理之后也一直是沿着这条道路前进。

科索沃问题激化的第一个阶段是在前南斯拉夫国际问题联络小组的会议上，此次会议于1998年3月举行，并通过了新一轮对南联盟进行制裁的决议。普里马科夫就此发表声明，表示同意对南联盟的军事力量做出一定程度的限制，但与此同时也要求对科索沃的武装力量做出相对称的限制。有一点是很清楚的，假如俄方与贝尔格莱德建立起某种较为特殊的关系，那么西方国家绝对不会坐视不理，也不会为南联盟带来不一样的结果。于是普里马科夫又采取了他常用的外交手法——通过相对迂回的方法与各方进行积极会晤来争取较为有利的结果，迫使西方国家从原来所坚持的立场做出一定的让步。

正如之前伊拉克局势发生矛盾激化之时的状况，普里马科夫再一次同时出现在多个会谈场所之中，并且在每一场会谈中都提出了自己的"路线图"。在1998年3月中旬与米洛舍维奇的会晤中，普里马科夫向南联盟总统提议：不要回避科索沃正在走向独立的趋势，要积极寻找将后者继续留在联盟国家的道路，应该与阿尔巴尼亚族人展开谈判，将矛盾在欧安组织的分析家面前"公开化"，以此来回应各种要求南联盟从科索沃撤军的强烈呼声。大约在一周之后，在前南斯拉夫国际问题联络小组波恩会议上，普里马科夫成为会议的焦点，会议也基本达成了共识——确保南联盟领土的完整。一个月之后，前南斯拉夫国际问题联络小组会议在罗马召开，俄方再次提出建议，要求对科索沃阿尔巴尼亚族发起的恐怖活动予以惩处。

普里马科夫高密度的外交斡旋产生了效果，米洛舍维奇在5月中旬于贝尔格莱德同自封的科索沃总统鲁戈瓦举行会晤。前南斯拉夫国际问题联络小组立刻发表声明：鉴于科索沃问题各方的谈判已经开始，应暂停对贝尔格莱德的制裁。但是，这个方案并没能真正阻止南联盟由于科索沃危机的再次爆发而解体的命运。1998年5月底，科索沃解放军采取了一系列的挑衅行动，引发南联盟军队的报复。于是，科索沃代表团决定中止同贝尔格莱德之间的谈判。

普里马科夫担心,随着科索沃危机的不断升级,北约武力干涉的可能性越来越大。在这种预判的前提下,普里马科夫马上改变了原本的斡旋思路。

首先,普里马科夫要战胜时间,当西方国家的宣传机器才刚刚开始制造社会舆论,以便为北约发起武力干涉做好铺垫之时,他马上在前南斯拉夫国际问题联络小组的会议上提出了有可能为各国所接受的新动议。在普里马科夫的新方案中,欧安组织成为帮助南联盟恢复秩序的新主体。在1998年6月12日于伦敦召开的会议上,普里马科夫向与会代表们积极阐述了自己的建议,要求加强欧安组织在恢复科索沃地区秩序工作上的影响力。

其次,当时的形势已经很明朗了,要求南联盟军队无条件撤出科索沃地区是不现实的,也是不公正的,因为如果采取这样的步骤,科索沃解放军马上就会占领科索沃全境。1998年6月中旬,米洛舍维奇来到莫斯科,在他和叶利钦发表的联合声明中有这样的内容:随着地区冲突局势的缓和,联盟军队将会撤回原先的驻地。也就是说,莫斯科几乎是承认了南联盟军队出于恢复秩序的目的,在科索沃地区所进行的军事行动的合法性。为了尽可能地消除上述观点对西方国家的刺激,联合声明也着重指出,欧安组织在调解冲突过程中发挥了特殊的作用。声明还指出,科索沃地区必须准许外交使节、国家组织的代表进入,当然还包括允许难民返回家园。除此之外,声明还提出

十　普里马科夫理论在实践中的应用

南联盟军队必须继续驻守科索沃，应尽可能多地向国际组织提供不断变化的冲突的具体情况，并直接针对科索沃解放军所发起的恐怖主义活动进行反击。

普里马科夫的斡旋发挥了作用，在前南斯拉夫国际问题联络小组的指导下，由分析人员组成的国际外交使团进入了科索沃，他们之后会向上级提交自己的分析报告。到夏季将要结束的时候，对米洛舍维奇和鲁戈瓦双方做出分析的报告书已经准备好了。但事态的发展并没有左右华盛顿的决策，美国并不打算放弃原定的南联盟肢解计划。有关科索沃问题的调查报告在送交华盛顿之后，又交到了部分欧洲国家的首都。调查报告认为，鉴于南联盟军队与科索沃解放军之间持续不断的小规模冲突，目前只有一个解决方案，即贝尔格莱德必须接受联合国安理会根据《联合国宪章》第七章所做出的决议。按照宪章的规定，联合国可以对侵略者采取任何的制裁措施，直至其被迫接受和平的条件。

沿着这条道路发展下去，不论是各方之间的谈判还是社会舆论基础都出现了新的变化——为武力压迫贝尔格莱德做好了准备，最终目的明显就是要实现对其的控制。1998年初秋，普里马科夫离任外交部部长一职，专任联邦政府总理。但此时形势已经很明朗，美国不断推动科索沃危机的升级，迫使这位新上任的总理不得不再一次施展他擅长的外交斡旋能力。

在普里马科夫出任外交部部长的几年时间里，他过去参与中东问题时所积累的宝贵经验给予了他很大的帮助。1996年4

月底，在与美、法两国总统达成一致后，叶利钦命普里马科夫前去贝鲁特；美、法两国外交长官已经先期到达，在场的还有意大利外交部部长，各方开始着手推进黎巴嫩南部地区的停火进程。此时，以色列在那里发起了代号为"愤怒的葡萄"的军事行动，打击真主党武装力量。在这次中东之行中，普里马科夫前后到访了耶路撒冷和大马士革。

通过自己在中东地区国家的关系网络，普里马科夫在叙利亚首都与法国外交部部长一道会晤了伊朗外交部部长韦拉亚提，他对真主党领导层拥有较大的影响力；普里马科夫本人同真主党领导层的一名成员之间也比较熟悉，后者专门从贝鲁特赶来大马士革，为的就是与俄罗斯外交部部长见面。尽管冲突各方很快就在美国国务卿克里斯托弗的主持下签署了协议，但事实上如果没有普里马科夫从中斡旋，这么快就能够停火是难以想象的。

参与了大马士革谈判的法国外交部部长对普里马科夫的斡旋工作进行了回忆："很明显，他对俄罗斯能力的边界是清楚的，同样明显的是，他的主要目标就是恢复俄罗斯在中东地区原有的影响力。"大马士革之所以会在这样紧张的时刻选择由俄、法两国来帮助调停，我们可以借用普里马科夫的话来做出说明——这座城市在某种程度上就是他的"大本营"。

按照德夏雷特的说法，普里马科夫明白一个事实，"俄罗斯不再和美国平起平坐了"，也正因如此，他才会"不屈不挠地想要迎难而上，去开创一个新的外交战略"。为了能够构建

十　普里马科夫理论在实践中的应用

起一个多极的世界,他便将更多的目光投向了东方——在普里马科夫的倡议下,两个大国间建立起了"战略协作伙伴关系"。尽管"其中的象征性意义比实际意义要更多一些",但普里马科夫确实提高了俄罗斯的国际地位。

半年后,普里马科夫第二次来到中东地区,原因是经选举上台的内塔尼亚胡成为以色列总理,他的上台引发了阿拉伯国家的普遍忧虑,担心以色列新政府不会继续坚持1991年马德里和平会议确立的通过谈判方式解决中东问题的精神。于是,普里马科夫又一次开启了他的中东地区外交之旅,足迹遍及叙利亚、黎巴嫩、埃及、以色列和约旦。

在一场场公开但又艰难的会谈过程中,普里马科夫获得了阿以双方对马德里会议确定下的"土地换和平"精神的承诺。此次外交之旅促进了地区的稳定,加强了俄罗斯作为一个全球性大国在调解中东问题上的地位。在一定程度上,正是由于普里马科夫"穿梭外交"的成功,以色列与叙利亚得以避免因为戈兰高地而引发新的紧张局势。

作为俄罗斯外交部的领导人,普里马科夫还参与到了调解后苏联空间内发生的矛盾冲突的工作之中。1996年,普里马科夫帮助调停了卡拉巴赫危机各方之间的矛盾冲突,为了能消弭危机,他在埃里温、斯捷潘纳克特和巴库之间多次往返飞行,最后成功地救下了超过200名俘虏。在普里马科夫的领导下,卡拉巴赫危机在1996年内得到了控制,卡拉巴赫继续留在阿塞拜疆的版图之内,但得到了高度的自治权,尽管这个方案并没有获得斯捷潘纳克特和巴库的支持。经普里马科夫首先发起倡议，并在他的努力下，格鲁吉亚总统谢瓦尔德纳泽与阿布哈兹共和国总统阿尔金巴终于在 1997 年 8 月于第比利斯进行了会谈，这次会谈意味着打开了和平解决阿布哈兹问题的大门。

普里马科夫出任外交部部长后所执行的新外交路线，可以被视作一套完整的理论—实践体系——普里马科夫理论。这套理论的架构如下：通过积极且多层次的谈判，充分发挥此种外交模式的潜能，用以确保俄罗斯的国家利益；与此同时，深入地参与到他国的对外政治之中——通过条约的形式将合作关系固定下来，为解决国际政治中的问题提供有益的助力。普里马科夫的外交理论在实践过程中不断地走向成熟，形成了自己的外交风格。按照拉夫罗夫的话说，普里马科夫的外交告别了过去那种"非黑即白的方式"，他对所有的细节都报以全神贯注的态度并亲力亲为。

十一

仕途的顶点：反危机工作负责人

普里马科夫一生之中担任过很多的职务，但他从来都只是专注于把工作做好，而不在意那些外在的东西。普里马科夫是一个实干家，他与下属以及同僚之间始终保持着良好的关系，获得了广泛的尊重和爱戴。当1998年初秋俄罗斯发生了政府信誉破产的危急情况之后，基里延科政府集体辞职，而同一天国家杜马否决了叶利钦对切尔诺梅尔金的提名，在当时的俄罗斯政坛，普里马科夫被公认为这个危急时刻最为理想的总理人选，而他本人对此倒是相当意外的。

在这个时刻接手政府总理一职并不是那么容易的，但社会往往都会在危机时刻渴盼威望最高的人出来主持大局。在这种情况下，当时唯一能够让各方认可的总理候选人就只有一个——现任外交部长。克里姆林宫与叶利钦本人对此也有同感，此时国家杜马已经第三次否决了对切尔诺梅尔金的提名，这就意味着很可能会出现总统解散杜马的情况，但在经济危机已经爆发的情况下,这种做法是很不理智的——同意任命外交部部长为总理是最合适的选择。在短暂犹豫之后,普里马科夫接受了叶利钦的任命。对普里马科夫的总理提名在国家杜马第一轮投票中就通过了:1998年9月11日,有超过70%的杜马议员向普里马科夫投了信任票。这个结果可以被视作国家杜马拥有对普里马科夫足够的信任。毫无疑问,这种信任是非常必要的。与此同时,普里马科夫获得了领导政府的全权,当危机不断加重之时,克里姆林宫也确实需要授予总理更多的权力去应对局面。

1998年9月11日,普里马科夫在国家杜马投票过后发表了演讲,在谈到当前所遇到的危机时提出了自己的观点,他认为国家有可能"部分破产",并且向杜马承诺,在他就任政府总理之后,"绝不可能允许任何试图破坏垂直领导体系或是削弱中央政府权威的行为"。普里马科夫相信一个简单的道理并将其视为自己的社会—经济工作的信条:"不破坏已经建成的金融和信贷体系,而是利用它们为发展工业和国民经济而服务!"普里马科夫强调,俄罗斯经济必须控制在债务顶点之下,"发展经济所需的资金应该主要来自私人的投资"。普里马科夫发现,私有化和税收体系的发展不应该只是为了充实国库,而是要有利于"经济、工业和主要基础部分的重组",所以"国家必须对此过程予以干预,对经济生产中的很多具体内容进行调控"。

在普里马科夫向杜马所做的演讲中,他还提到了其他内容,包括对外政策等。按照普里马科夫的话说,制定对外政策必须首先建立在可预测性与合理性的基础之上。对外政策的目的是"足够稳定地"保卫国家利益,但与此同时也要避免与"其他国家发生对抗"。

在新政府的组成人员问题上,普里马科夫在一开始就宣布,要将新政府打造成一个"多党代表合作"的团队。但普里马科夫同时强调指出,新政府成员之所以得以进入俄联邦政府大楼工作,并不是因为"多党代表合作团队"的身份,而是因为这些人都是"各自领域的专家"。按照普里马科夫的解释,之所以会如此安排新政府的成员,主要目的是改变过去的工作氛围。普里马科夫指出,"我们的社会必须团结起来,一同为走出眼前的困境寻找出路"。

普里马科夫在获得了公众的认可之后,开始组建自己的政府领导班子。这是俄罗斯后苏联历史上的第一届真正意义上的多党政府,之所以如此建构是基于以下两个原因:首先,为了走出所面临的危机,必须将全社会联合起来;其次,只有这样才有可能真正打造出一支具有极高专业能力的团队,如果单单从"执政党"中选调人才的话是不够的。普里马科夫非常细心地挑选人才,以组成自己的领导班子,他尤其看重曾经与自己一同工作过的人,或者是工作上有过交集所以比较了解的人。

在这个选才原则下,普里马科夫任命来自俄联邦共产党的杜马议员马斯留科夫为第一副总理。普里马科夫与其早在苏维埃时期就认识了,他们还一同在苏共中央政治局工作过。下一个副总理来自"执政党",时任列宁格勒州州长古斯托夫,他之前曾经与普里马科夫在外交部共事过。其他三位副总理分别是:曾经担任过俄罗斯驻希腊大使的马特维年科,杜马农业议员库里克以及在基里延科政府里担任科学与技术部部长的布尔加克。在任命各部部长的问题上,除了总统办公厅系统之外,也都本着专业化精神来挑选人才。于是,到了当年9月底,一支具有高度专业能力的团队被打造出来,他们完全有能力做出富有成效的业绩。

最后一条信息最为重要,如果要想真正地走出危机,就必须采用动员的手段,而普里马科夫率领的联合政府毫无疑问地拥有这个能力,因为他获得了各个党派的一致拥护。也正因如此,在1998年年底被罢免时,普里马科夫对政府的所有成员强调指出:所有人都必须"遵守团队所确定的同一个规则"。这在俄罗斯政治生活中还是第一次,——政府中始终存在地下的派系。在普里马科夫的政府中这种情况依旧存在,但这的确不是总理的责任。

摆在新政府面前的是一个非常复杂的局面:由于8月时的债务危机而引发的财政崩溃,经济危机的情况仍在加深;由于之前所推行的缺乏深思熟虑的市场经济改革措施,国内存在大量的影子经济。为了解决这个问题,政府必须推行一种既能够改变这一现状,又不会破坏市场经济方向的改革政策。必须要加强国家在经济运行过程中的管控力度,但同时又不能采取极端的手段来干涉市场的正常运行,而且在危机情况逐渐消退之

十一 仕途的顶点:反危机工作负责人

时,还必须同步减弱政府的干涉力度。

在如何克服危机的问题上,普里马科夫并没有首先制定出一个较为完整的方案,这主要有以下三个原因:第一,制定这样一个方案必定要用去很多的时间——有可能达数星期之久,而在这段时间内,不可避免地会出现另一个情况,那就是刚刚制定出来的方案很可能又不能适应新的形势了;第二,普里马科夫认为自己所担任的工作是"救火"——采取最为紧急的手段来应对最为棘手的问题,确保国家能够继续运转;第三,某些不怀好意的人正全神贯注地盯着普里马科夫的团队,普里马科夫并不想在这些事情上耗费过多的精力,制定一个完整的方案也必然引来不少外界的杂音,这对他所进行的艰难工作是十分不利的。

但我们必须要纠正一个错误的认知,即普里马科夫只关注解决眼前的问题,而不注重从结构上来完善俄罗斯的经济。新政府首先要解决的问题就是要处理好由于债券崩盘而导致的一系列后果,下一步才是引导国民经济走出危机——毫无疑问,当时并没有出台任何一个文件用以说明具体的步骤。

债券崩盘导致政府失去了支付能力,社会保障工作的经费也因此无法到位。当时最为急迫的就是预算问题,要尽快为偿付这些费用提供预算支持。而如果联邦国库里已经没有钱了,那么最简单易行的方式就是开动"印钞机"。对此普里马科夫表示反对,他决定从最困难的问题入手,要求地方及时缴纳国库欠款。在当时比较普遍的情况是,地方一般都不愿意及时和足额地向中央缴纳税款，而是千方百计地把钱留在自己手上。于是普里马科夫只得在暗中同地方上的势力进行斗争，对地方财政预算制度进行改革：地方财政要负责当地政府的开支，所以原本有一半的经费属于硬支出，但在中央财政崩盘的情况下，地方财政必须严格听命于中央的指挥，接受中央财政机关的直接领导。

马特维年科回忆，1998年时为了堵住高达400亿卢布的养老金预算漏洞，普里马科夫采取不同寻常的步骤，对国内三个大区延期拨付来自"俄气"的利润，将截留下来的钱移用到养老金的发放工作上。在做出这个拆东墙补西墙的决定之后，普里马科夫半开玩笑地对这位副总理说道："现在这个情况，如果你去检举我的话，我恐怕是要去吃牢饭了，因为这个措施并不完全合法啊。"

新政府在食品供应的问题上也采取了应急的措施，因为吃饭是最基本的生活需求。普里马科夫努力促成了美国对俄食品援助，以及与白俄罗斯和乌克兰签订天然气换食品的协定，与此同时，新政府还降低了食品的进口关税。

为了实现经济活动的复苏，必须要解决经济实体之间债务拖欠问题，当然也包括企业与政府之间的债务问题。严重的债务拖欠问题的存在，使得流动资金的规模大大地缩小了，而如果政府开启"印钞机"来解决自身财务问题的话，新投入市场的"有生命力的"资金就会被长期债务缠绕住。普里马科夫没有听从国际货币基金组织的建议，而是采取了与之相反的措

十一 仕途的顶点：反危机工作负责人

施，对企业间以及企业与政府间的债务进行清盘，这就立刻产生了数百亿卢布的"有生命力的"资金。毫无疑问，新政府并不打算长期执行这种债务互清的政策，这只是一时采用的技术手段而已。债务互清并不是目的本身，只是为了增大资本的流动性。这个工作首先从资本实力较为雄厚的企业做起，伴随着这些政策的实施，债务重组迫在眉睫，这样才能让企业重新产生盈利。

有一种观点认为，普里马科夫政府之所以能够在部分领域实现经济复苏，是基于客观上的经济原因，而且新政府并没有着手通过卢布贬值的方式来推动工业生产和促进出口，也没有处理好进口食品快速涨价的问题。应该指出的是，那些所谓的客观原因并不能真正地解决眼前的问题，这些持批评意见的人也完全不清楚政府在帮助本国生产者的问题上所采取的整体性措施。国内的部分地区恢复了政府担保债务的方式，按照市场定价的原则来扩大商品的生产。政府降低食品生产的增值税税率并且对部分农产品的铁路运输收费实行优惠政策，这是最为关键性的举措。从宏观的角度对生产者的生产活动进行调控，这已经是政府工作能力的极限。如果要对普里马科夫政府的工作做出总体性评价，就必须首先考虑到苏维埃时期遗留下来的问题。除了食品生产领域，政府还降低了能源与电力产业的税率。

为了推动经济发展出现重大的变革，在改革过程中须重新确定新的优先发展事项：将优先发展方向确定为恢复实体经济的活力。为实现这一目标首先要完成对银行体系的重组。普里马科夫团队一直在努力与央行协调，推动银行体系的重组，为此还专门成立了相应的机构，对信贷体系进行管理。采取这些措施的主要目标是提升银行投资的积极性，在企业间建立起可靠的互信关系。

据时任俄联邦政府金融研究院副院长的戈里阿兹诺娃回忆，当时政府决定额外增加货币投放数额，许多身居高位的政治人物、持自由主义观点的经济学家都对此感到"十分担忧"。曾任政府副总理兼财政部部长，后任俄联邦总统办公厅副主任的利夫什茨在同她的谈话中就表达了自己的观点，认为"在政府失去支付能力时开动印钞机"是一个"严重的错误"，利夫什茨担心，在"两到三个月之后"，就会出现"通货膨胀的巨浪，甚至是恶性通货膨胀"。应该说利夫什茨是有责任心的，尽管他在债券危机之后失去了官职，但他并没有单纯地在一旁幸灾乐祸，而是要求戈里阿兹诺娃尽快向普里马科夫转达自己的忧虑，以免这个错误的决定导致"灾难性的后果"。

政府在制定1999年的国家财政预算时，特别细心地考虑到了国家的投资能力并优先加大了对部分有竞争力产品的扶持，特别是那些有能力出口创汇以及在国内市场销量比较好的产品。

1998年年底，普里马科夫代表政府向国家杜马做了有关财政预算问题的报告，提到了自己的团队在工作中超越了政治

十一　仕途的顶点：反危机工作负责人

派别之分，一致努力完成工作的情况。正是由于超越了政治派别，政府才能够让俄罗斯的经济情况最终没有突破西方贷款的"封顶"：因为有能力偿还到期贷款从而获得新的款项，所以还能在国内支付各项社会保障的费用。但普里马科夫决定不再增加此项负担。他认为必须要打破眼下依靠贷款维持局面的状态，俄罗斯必须要对国内的债权问题进行处理，偿还包括苏联时期遗留下来的外债，但最主要的目的还是要让国内的实体经济获得投资。为了说服杜马批准政府的财政预算，普里马科夫强调，这些举措将有助于俄罗斯在获得国外贷款的问题上拥有更为有利的地位，他还提出："西方国家认为，我国政府的能力取决于议会的支持……"

在强调了财政预算的紧急性之后，普里马科夫提请杜马议员们注意，这份多年以来最为重要的财政预算具有新的战略意义。普里马科夫表示，"不能确保社会经济发展"是"毫无意义的"，而"马克思主义经济学的稳定一定程度导致了国民经济发展的停滞"，因而"让自己走入了死胡同"。按照普里马科夫的观点，如果政府能够按照预算方案的原则工作，就有能力实现"实体经济的发展和复苏"，由此实现"国民经济生产能力的复兴"。普里马科夫提出，他率领的政府在任何情况下都不会违背建设一个市场经济的准则，但国家处在危机的时刻，政府必须对市场进行干预，并同时实现"预算能力的增长"。普里马科夫将这份财政预算称为"真正能够对国家工业政策发挥作用的有力工具"。

在这段具有关键性意义的时间里，普里马科夫所率领的政府采取了一系列重要的步骤对税收政策进行完善。人们对国民经济在很大程度上丧失了信心，这是债券崩盘所带来的一个社会—心理方面的严重后果。债券崩盘前所建立起来的国家税收体系在经历这场动荡之后完全崩塌了。按照1999年财政预算的计划，国家将要收取大量的税费，假如这笔收入不能落实，那么政府的一切方案都将难以实现。而且如果不能恢复财税秩序，克服危机就更加地困难了。政府采取此时所能采取的一切手段——在降低税率的情况下尽可能地优化税收制度。出于刺激实体经济走向复苏的目的，政府此时采取了一个不受欢迎的政策——将负担从生产者转嫁到消费者身上。与此同时，为了能够有效避免偷逃税款的现象发生，政府还动用了执法机关，后者很好地制止了俄罗斯国内企业偷逃税款的情况。结果则是企业活动并没有减少，而国家的税收也同时得到了提升。

普里马科夫在刚刚就任政府首脑时就表达了自己的立场：尽管在改革时期的私有化过程中存在许许多多的不公正现象，但他率领的政府不会去追究过去的问题，因为由此引发的民粹主义效应所带来的后果将是极为严重的。但这个立场并不代表政府不会加强对国有资产的管理力度。

私有化被置于国家的监督之下继续进行，很多问题也都得到了较为彻底的更正。比如说，通讯投资公司尚有25％的股份属于国家所有，看上去完全是由于财政危机，只得以相对较低的价格进行了出售，而事实上是寡头资本利用当时的形势加以

十一 仕途的顶点:反危机工作负责人

运作的结果。然而在20世纪90年代的客观条件下,想要制止私有化过程中的腐败问题不可能一蹴而就,也不可能达到最终的目标。如果想要实现私有化的正常化运行,就必须首先遏制寡头对公平交易等原则的破坏,还必须彻底清除政府里面那些通过私有化来中饱私囊的腐败分子。在时任总统与寡头之间关系密切的情况下,这些都是不可能成功的。

尽管对客观困难非常地清楚,普里马科夫并没有放弃对那些导致国家债券崩盘的人采取惩戒手段,同时对在私有化过程中有犯罪行为的人予以惩处,在这些受到惩罚的人当中,有很多都暗示要对普里马科夫予以报复,甚至有的人已经做出了行动。时任司法部部长的克拉什尼科夫后来就讲述了这样的一个情况。在一次政府会议上,克拉什尼科夫做了一份有关将特赦权由内务部转移至司法部的报告,普里马科夫就此问题做出指示,认为司法部就此便会成为"那些在国家债券崩盘的问题上犯有罪行的人集中活动的地方"。克拉什尼科夫认为,普里马科夫所暗指的是著名的"隐形红衣主教"。在普里马科夫说了这番话之后,"整个会议室突然就陷入了死一般的寂静"。克拉什尼科夫清楚,所谓的"隐形红衣主教"指的就是别列佐夫斯基①。按照这位原司法部部长的话说,普里马科夫此时已经

---

① 全名为鲍里斯·阿布拉莫维奇·别列佐夫斯基。他在苏联解体之初的"私有化"改革过程中,以投机倒把与偷税漏税等形式获得了大量财富,一度成为有能力左右联邦总统决策的"寡头"之一。普京接替叶利钦出任总统后,与包括别列佐夫斯基在内的"寡头"之间的关系恶化,后者为免遭刑事处罚而逃亡英国,并于2013年客死伦敦。——译者按

"获得了相当多的有影响力的敌人，他们都在推动着普里马科夫最终的倒台"。

应当指出的是，与普里马科夫一同共事的班子成员普遍认为"总统派系人员"一直优先照顾自己的下属，尤其是在强力和司法部门。

联邦安全委员会主席普京曾经向政府总理进言，"在经济领域里出现的犯罪"普遍呈现出"既勇敢又强大的特征"，这些情况已经威胁到了"国家的经济安全"。与此同时，联邦安全委员会主席还提请注意，最近发生了"非法转移国有资产股份的活动"，都是"俄罗斯人和外国公民联合起来的、有组织的"强取豪夺行为。普京认为，这些犯罪组织通过"虚假的合同，利用国家对企业所作的担保来转移国有资产，其中包括土地、不动产和自然资源"，在这个过程中向"一些共和国领导人和政府机关负责人提供了不少的长期债券、股票和有价证券等贿赂"，而这些财产"全都存放在国外的银行"。国家为恢复市场所提供的信贷却被这些人侵占了。

普京认为，"大多数滥用权力的情况"很多都是"权力机关的领导层做出来的"，"某些商业集团的代表人物"也参与了进来，并且列举了很多银行、企业的负责人事实上本身就是代理人或者是代理人的亲信。普京还进一步指出，"上述组织将非法所得的利益私吞，再利用不必偿还的贷款获取新的回报并转移出国"。银行往往采用伪造材料的方式来应对税务体系。

十一 仕途的顶点：反危机工作负责人

普京还向普里马科夫指出了一个很危险的趋势，国外的银行获得了以外汇为形式的贷款，而这些银行并没有支付和偿还能力。正如普京所认为的，由于非法的资金转移行为，俄罗斯国家财政预算损失超过2亿美元的收入。

俄联邦政府总检察长斯库拉托夫在向普里马科夫呈交的报告中指出，"经济犯罪的现象已经非常严重"。按照斯库拉托夫的说法，影子经济为"腐败分子的活动提供了土壤，这些人为犯罪分子开放了道路"。斯库拉托夫列举出了一些相关的案例。在他看来，犯罪集团及其下属的商业组织将自己所得的"20%至50%的利润都以贿赂的方式交给了相关的官员"。总检察长还罗列了许多"国家财政系统内滥用职权"的案例，认为这些犯罪分子盗窃了国有资产，并且"非法将这些财产塞进了自己的腰包"，"金融与经济界形成了暗中联合起来，进而得以上下其手的关系"。

司法部部长克拉什尼科夫就"国家机器"在"打击经济犯罪和犯罪组织"的问题上"执法不力"的情况拉响了警钟。

最高法院院长雅科夫列夫认为，有必要对国有资产股息分红的去向进行严格的审查，以确保国有资产不会流失。因为如果不能对国有资产的股息分红进行严格审查，在当时的客观条件下，这些钱就极有可能会在较短的时间内被"那些握有实权又参与经济活动的国家权力部门"非法取得。

雅科夫列夫还提到了一个非常严重的问题，要对国家所有的"那些代表着重要战略物资的股份"予以严格的管理，不能因为腐败而出现流失的情况。雅科夫列夫指出，应该对"管理这些战略物资的经营者"的收入情况实施监察，他们的收入不能超过"资本回报率10％"的上限。

内务部部长斯捷帕申指出，"对国家资源和财产的盗窃已经发展到了史无前例的地步，令国家陷入灾难的边缘；不论俄罗斯会出现什么样的新生阶级，他们都应该对国内财富的流失感到忧心"。

由于普里马科夫政府采取了一系列旨在破解危机的措施，1998年秋季俄罗斯的经济已经出现了趋于平稳的态势。生产的下滑得到了遏制，至此届政府于1999年5月辞职之时，已经出现了经济上升的明显趋势，其中就包括实体经济的崛起。政府所制定的1999年财政预算方案是自苏联解体以来首个获得杜马完全肯定的方案。

普里马科夫政府所做出的最重大的贡献，其实是避免了国家走向内部冲突的状态，尽管1998年夏末秋初之时这一状态已经初现端倪。有观点认为，普里马科夫本人已经预料到了这样的一个结局。普里马科夫在辞去总理职务后，向他在世界政治与经济研究所共事多年的同事邓金表示，他之所以同意就任总理一职是因为："我认为，我最主要的工作是防止内战的发生，这在1998年秋季的时候是真的有可能出现的情况，俄罗斯再也经不起一场内战、革命或是动乱了。"

普里马科夫政府在克服债券崩盘所引发的经济危机的问题上取得了非凡的成就，尤其是在国家的物资储备相当不足的情

十一 仕途的顶点：反危机工作负责人

况下。由于俄罗斯经济改革之初就严重依赖债务而且须臾不能离开后者的扶持，新政府便首先将债务问题列为亟须解决的问题。但这一次莫斯科的决定与国际货币基金组织的意见出现了迎头相撞的情况——俄罗斯没有否定上一届政府利用债务的政策，但在实际中却推行与之相反的政策。国际货币基金组织总裁康德苏以及其他官员纷纷表示，希望普里马科夫能够放弃他部分采用的马克思主义经济学原理的经济管理措施。

首先，西方国家的放贷者坚持要让俄罗斯走上完全货币化的道路，包括债务问题，不关注俄罗斯所面对的现实情况。而在债券崩盘之后，原先的那一套根本就已经很难行得通了。在俄罗斯继续推行完全货币化的政策是不可能完成的任务，因此新政府在应对危机，也即在处理连环债务的事务上基本放弃了货币化的方式。其次，国际货币基金组织要求俄罗斯政府在国内执行高增值税，高到不可接受的地步。尽管俄政府也将因此而在预算问题上间接受益，但这对西方国家的放贷者而言，其实并没有多大的好处。最后，普里马科夫政府在制定1999年财政预算之时，认为会出现部分的盈余，而这恰恰是之前俄政府长期都无法实现的目标。国际货币基金组织的官员们忽视了俄方提出的论据。而在1998年夏末秋初发生的经济崩溃之后，为下一个财年制定预算方案时做出了财政盈余的预测，这对走出危机并取得巨大收获是一种有力的鼓舞。

俄方不可能接受来自国际货币基金组织的全部意见，而且也没有耐心通过谈判的方式逐步地向合作者予以解释，如此再去寻找可能的整体性解决方案。因此，直至普里马科夫辞去总理一职，他的团队都没能和国际货币基金组织的官员们达成新的共识。很明显，国际货币基金组织不愿意承认莫斯科所提出的合理且客观的论据，因为普里马科夫所采取的完全不是教条式的经济学的方法，之前这种教条主义方法曾经一成不变地在苏联存在了几十年之久。同时以美国为首的西方国家与俄罗斯由于科索沃危机而出现了关系转凉的态势。

1999年3月，普里马科夫在同国际货币基金组织驻莫斯科代表团团长的谈判中表达了自己的观点，他认为如果不能从财政预算中拨出经费来支持实体经济发展，从根本上改善国家经济状况便是不可能的。在这一场谈判中，最主要的矛盾点在于国际货币基金组织要求俄罗斯恪守财政原则，这其实也不难理解，对于西方国家而言，以货币支付还款自然是最有利的。俄方则坚持自己的立场——假如货币支付无法实现的话，那么就只能采取其他的支付手段了。

尽管存在着矛盾之处，但在整个谈判的过程中也并不是完全没有收益的，普里马科夫非常积极地同国际货币基金组织官员进行交流。时任普里马科夫政府中央银行行长的格拉申科强调，普里马科夫非常冷静且完美地完成了自己的任务。格拉申科回忆道："我感觉，他多年从事新闻调查的经历锻炼出了一个技能，那就是很善于同对话者进行沟通。当然，这并不只是源于他的记者工作经历，还与他曾经在对外情报局工作有关。他在同外国人对话的时候，一般都是很直截了当地直奔主题：

'朋友,请您耐心一点,我们已经说过了,过一段时间,就会交钱的'。对于他这种很直接的表达方式,基本上没有谁表达过反对的意见。"

十二
国家主权与地缘政治合法性的考验

普里马科夫刚刚接受总理职务之初,他主要的任务是化解债券崩盘后的危机情况,防止形势进一步地恶化。

阿尔巴尼亚族武装人员有规律地挑衅南联盟国家军队以及维和部队,应该对其予以报复,但以美国为首的西方国家认为,造成紧张局势升级的是贝尔格莱德。1999年2月在朗布依埃举行的谈判中,南联盟和科索沃地方的代表曾经有意签署一个允许一定数量北约人员进入南联盟的协议,但最终由于塞尔维亚人的反对而没有达成一致。在这之后,北约就提前做出了向南联盟发动军事行动的决定。

俄罗斯始终坚持自己的立场,认为通过政治途径解决科索沃问题的可能性并没有完全丧失,并坚决反对北约对南联盟发起空袭。普里马科夫确信,如果贝尔格莱德能够对此做出较为积极的响应,那么就有可能阻止战争的爆发。他决定说服米洛舍维奇签署朗布依埃谈判协议书,但这位南联盟的领导人却十

十二 国家主权与地缘政治合法性的考验

分坚决地拒绝了这个建议。当时的态势已经很明显,俄罗斯根本不可能阻止战争的爆发。但此时的莫斯科也无法将自己的眼睛和嘴巴都闭起来,不去观看和评论欧洲国家爆发的、旨在反对北约发起战争的游行示威活动。普里马科夫找到了唯一的办法——有可能向全世界证明美国人去"教训"塞尔维亚人是一个错误。

早在1999年3月24日北约对南联盟发起空袭之前,俄美双方约定举行俄罗斯总理与美国副总统之间的经济与技术问题会谈,时间大体定在3月20日前后。在这次会谈中,有关美国意图打击南联盟的问题自然在讨论的范畴之内。在飞往美国之前,普里马科夫已经明确告诉美方,他马上就要起飞。但在普里马科夫的专机飞向美国的途中,他收到了北约空袭南联盟的信息,当时飞机正位于大西洋的上空。普里马科夫做出了那个重要的"飞机返程"的决定。按照格拉申科的说法,普里马科夫要在飞机上给美国副总统戈尔打电话,准备向后者转达自己的决定,他向副总理说道:"你看,我已经和戈尔副总统说清楚了,让他们慎重决定是否干涉南联盟。如果他们决定干涉,那我就不能飞过去了。"说完这句话之后,普里马科夫给对方打了电话,然后告诉飞行员:"他们决定轰炸贝尔格莱德了,因此我们现在要返航莫斯科。"

事实上,俄罗斯无力阻止这一切的发生,普里马科夫也已经用尽全力去阻止北约对南联盟的干涉。他设法与北约欧洲成员国的领导人进行沟通,磋商有关空袭南联盟的问题。在和普里马科夫通电话时，法国总统希拉克建议他去一趟贝尔格莱德，试着"劝服米洛舍维奇"，让后者"在一定程度上放弃强硬的立场"，这一步有可能开启南联盟与西方国家之间的对话——比如说再次回到前南斯拉夫国际问题联络小组的会议桌上。普里马科夫接受了这个建议，向总统叶利钦转达了这个倡议，并决定于3月30日亲自飞往贝尔格莱德。在普里马科夫启程前夕，意大利总理达莱马为叶利钦带来了克林顿更为"强硬"的要求：南联盟不只是需要回到前南斯拉夫国际问题联络小组的会议桌上，还必须首先将驻扎在科索沃的军队和特种部队全部撤出。俄罗斯总理认为在这种情况下，没有把握成功劝说南联盟总统，但他还是去往了贝尔格莱德。在同米洛舍维奇的会晤中，普里马科夫得到了前者的承诺，在轰炸停止后就会将科索沃的南联盟驻军撤出。但普里马科夫却体会到了此时停止轰炸是不现实的——尽管已经找到了通过政治途径解决问题的方式，但实际上已经没有什么意义了，因为冲突各方都坚持自己的立场：北约作为胜利者，即使停止轰炸后也可以随时再次开始；而米洛舍维奇的南联盟军队将要在北约军队的面前，而不是在科索沃军队面前完成撤军。

华盛顿并不是这样看问题的，当俄罗斯总理刚刚从贝尔格莱德起飞后，北约马上恢复了对南联盟的轰炸，并持续到了6月初。在此期间，直到5月12日辞去总理一职之前，普里马科夫一直在同包括美国副总统在内的各西方国家领导人以及联合国秘书长进行着沟通，他向这些人保证，解决科索沃危机只能通过

十二 国家主权与地缘政治合法性的考验

政治调解的方式,而这却因为北约的空袭行为无法进行。在多年以后,普里马科夫听到了这样一种说法——在欧洲的最中心出现了一个科索沃"溃疡",而且看上去似乎永远都无法"愈合"。

在普里马科夫出任总理期间,他还处理了俄罗斯国内的"科索沃问题"——车臣问题。由于1996年签署的哈萨维尤特协议,车臣几乎获得了事实上的独立地位,成为犯罪活动的发源地,对俄罗斯南部地区的安全形成了严重的威胁。车臣总统马斯哈多夫曾经发出命令,要求停止在临近车臣的俄罗斯领土上实施以勒索赎金为目的的人质劫持活动,但许多颇具野心的军官并不打算服从这个命令。此时的马斯哈多夫已经失去了足够的权威,无法很好地约束自己的武装力量,其中一些野心勃勃的军官,包括巴萨耶夫、阿里—哈塔巴以及拉杜耶夫,都已经完全不受控制。与此同时,有迹象表明与马斯哈多夫进行谈判有望将其变成一个可以合作的对象,并将车臣引导回联邦宪法的管辖之内。

1998年10月底,这个设想得以实现,普里马科夫与马斯哈多夫在符拉迪沃斯托克举行了会谈,他告诉后者可以就"车臣在俄罗斯统一的经济空间内保持独立性"的原则问题进行磋商,其中包括共同货币的问题。双方还就俄罗斯中央政府与车臣在打击犯罪和人质绑架的问题上进行执法部门的合作,以及莫斯科为车臣的企业、社会保障工作提供财政支持等方面达成了共识。但这场会谈也就到此为止了。格罗兹尼官方最终没有兑现承诺与莫斯科在上述领域展开合作。

十三

退休，但不离开大政治

1998年9月，当克里姆林宫将解决危机的重任交给普里马科夫时，其实不只是存在债权崩盘的问题，应该说整个体系都遭遇了自苏联解体以来最大的困难。而此时无疑不再需要"救世主"的出现，因为他很有可能会功高盖主，威胁到总统的地位。总统和他的"亲信们"，也就是那些所谓的自由主义者对此怀有同样的心情，因为新政府直接否认了他们自20世纪90年代初就开始推行的并且最终导致债券崩盘的这条路线。

那些被自由主义者和寡头们控制的媒体在一开始还相对谨慎，但很快就露骨起来，不加掩饰地去破坏政府首脑和他班子成员的威信。这些媒体在发声的时候一致地指责政府是"红色的"，而且正在采取一种左派"复仇"的行为，还打算推翻私有化政策。总统的亲信们更是对此添油加醋，导致叶利钦直接向普里马科夫表达了自己的不满，认为总理在推行亲共产主义的政策。普里马科夫对此予以了坚决的否认,并且告诉总统,他对自己那些被人称为左派的副总理都非常满意,在任何情况下都不会同意罢免他们。

当普里马科夫的反对者明白他们无法强迫前者重新组建政府,而且无法将某些不合作者更换为自己的亲信时,他们便将矛头直接对准了总理本人。当时的有利条件是叶利钦已经到了任期的最后一年,他在媒体上也已经多次重申了不谋求继续连任的立场,而此时的政府总理正在忙于奔赴全国各地处理规模庞大的政务。依照那些反对者的观点,政府首脑正在为接总统的班而进行着各种准备工作,随时都有可能发生取而代之的情况。为此,叶利钦专门约见了普里马科夫,要求后者发表一个电视声明,明确表示自己没有参加总统竞选的意图。

普里马科夫很清楚自己当时在社会上的影响力。由于自90年代初就开始了缺乏周密考虑的改革,俄罗斯社会在政治意识形态的问题上已经出现了严重的国内政治对抗情况。普里马科夫政府致力于带领国家走出债券崩盘危机,不但遏制住了危机的发展,甚至还令国民经济出现了有益的进步;但是,同时处理好经济危机与化解社会矛盾是不可能的,而且当时所施行的管制措施也确实比以往都要多一些。

最主要的问题是,普里马科夫已经着手对现行法律进行改革,有意在几个月内改变社会的整体发展轨迹,而任何人都无法改变这个计划。毫无疑问,总理肯定已经与总统就此事进行了商议,并获得了后者的赞同。如果想要完成这个任务:首先，要通过新的立法以确保离任总统的安全；其次，需要取得国家和政府领导层以及联邦议会上下两院的普遍支持。任期行将结束的叶利钦必须保证不会罢免政府和解散杜马，政府班子不必面对杜马的质询，而杜马也不打算弹劾总统。1999年1月底，普里马科夫将这个想法传达给了国家杜马和联邦委员会主席。

但这个倡议并没有获得积极的响应。总统在最开始的时候是赞成总理所提出的这个倡议的，但要接受这个建议是痛苦的，他开始怀疑普里马科夫有意要削弱国家元首的特权，而且杜马也不愿意承诺放弃对叶利钦发起弹劾的行动。与此同时，克里姆林宫已经中意于采取一个俄罗斯式的《蒙克洛亚协定》①。总统办公厅已经提前准备好了需要的文件——可以确定的是，这些文件所表达的观点已经不那么尖锐了，但因为国家政权各分支之间的相互羁绊关系，任何一点动荡都可能导致政府的下台或是宪法地位被动摇。因此这个目标最终并没有达成。

尽管如此，我们也并不应该忽视1991年冬春时节俄罗斯国内对普里马科夫的拥护之声，中央政府与下属分支之间的斗争对于加强民族团结与确保国家正常发展而言是必不可少的步骤。在普里马科夫被罢免之后，国家杜马旋即展开了对总统的

---

① 1975年西班牙独裁者佛朗哥去世后，西班牙各政党为了避免国家陷入无政府的混乱状态，于1976年10月底签署了《蒙克洛亚协定》，确保了后佛朗哥时代的西班牙民主体制。——译者按

弹劾案，之前由于普里马科夫的崇高威望，总统在很大程度上得到了保护。但此时的国内政局却由于总理的下台，出现了复杂化的趋势。

毫不夸张地说，普里马科夫在国际政治舞台上拥有强大影响力——他的主要功绩是维护了社会的秩序，但这也在一定程度上降低了总统的威望，迫使克里姆林宫更为积极主动地与其进行博弈，并最终导致了他的下台。出自叶利钦"亲信"集团的沃罗申在为自己谋取总统办公厅主任职位的过程中遭遇了普里马科夫的反对，他因此发起了一场信息战，试图改变叶利钦对总理的看法，让后者认为普里马科夫的存在对其是很不利的。在时任政府副总理的古斯托夫根据与普里马科夫之间的约定，辞去职务从而参与列宁格勒州州长竞选之后，叶利钦将原内务部部长斯捷帕申安排到了这个空缺之上——以便将来接任总理的职位。

在20世纪90年代初，斯捷帕申与普里马科夫之间就结下了十分深厚的友谊。1994年6月12日俄罗斯主权独立日这一天，在克里姆林宫举行的招待活动结束之后，叶利钦将这两位左膀右臂请来——一位是对外情报局局长，另一位是安全局局长，对他们注视良久之后提出了一个问题。在获得了对方肯定的回答之后，叶利钦又提出了下一个问题："你们会不会背叛我？"两位强力部门的领导人马上给出了否定的回答，然后总统提议为他们所做出的回答喝上一杯。5年之后，相似的事情再一次发生。1999年胜利日这一天，在游行结束之后，叶利钦邀请政府总理和第一副总理兼内务部部长来到列宁墓中的一个封闭房间里，再次提议喝上一杯。但这件事就发生在普里马科夫下台的前几天，取代他位置的就是斯捷帕申。俄罗斯历史上的第一位总统，总是喜欢采用这种具有戏剧性色彩的方式……

此时已经是普里马科夫总理生涯的末期。在普里马科夫离任前，作为内务部部长的斯捷帕申向其做了关于腐败问题的报告，按照总理的要求提供了一份主要腐败分子的名单。普里马科夫对此似乎相当重视，在1999年3月召开的一次政府工作会议上，他直截了当地提出要严厉打击经济犯罪。按照斯捷帕申的观点，自此时起普里马科夫所遭受的压力陡然增大了，有人开始指控其野心勃勃地想当总统，受寡头控制的新闻媒体也发起了对他的负面报道。

在离开总理职位后，普里马科夫不但没有冷落接替自己位置的人，反而积极推动斯捷帕申转正，当时叶利钦的"亲信"正在大力推举交通部部长阿克森科接任总理职务，而普里马科夫却告诉叶利钦，斯捷帕申是"最佳选择"。普里马科夫被解职之后，在克里姆林宫总统办公室旁边遇到了斯捷帕申，他自己将这个情况主动地告诉了后者。

克拉什尼科夫回忆道，普里马科夫在担任政府总理的时候，在建立普通人与联邦政府之间的正常关系问题上用去了很多的精力。为此，普里马科夫认真做好了准备，要和政府全体工作人员或是某一部分人员举行非正式的会谈。普里马科夫通过这种日常的、不需要拘束的谈话方式已经解决了不少的问

十三　退休，但不离开大政治

题。在担任总理期间，普里马科夫一直保持着独立的精神，他还很会讲笑话。普里马科夫甚至在某一会谈中与来自总统办公厅的博罗季诺维进行了一场"笑话比赛"，他赢得了这场比赛，尽管领先的优势并不大。在离开联邦政府大楼之后，普里马科夫并不是简单地告别了总理的职位而已，他邀请政府工作人员来参加晚宴，并且向他们致以感谢，还称斯捷帕申是"最优秀的接班人"。普里马科夫说道："我们很幸运，上面委派了谢尔盖·瓦季莫维奇·斯捷帕申。"

最后，我们有必要提一下普京对普里马科夫离职一事做出的反应。据时任联邦安全委员会副主任伊万诺夫的回忆，在普里马科夫下台后的第二天，普京给他打了电话，希望能去拜望，普里马科夫当即表示同意。普京和其他几位联邦安全委员会的领导人（伊万诺夫也在其列）来到了普里马科夫的别墅。按照伊万诺夫的话说，这位未来的总统"没有醉意，神态正常地"在所有人面前向前总理表示了谢意，感谢他几个月来的工作，并且向普里马科夫表示，他对后者的友好与尊敬没有改变，而且不受各自所居职位的影响。

1998年5月，时任国家税务总局副局长兼圣彼得堡税务监察长的祖博科夫（后来进入俄联邦政府担任了高官），回忆起普京就普里马科夫下台一事所说过的一段话："我们的国家能有更多的普里马科夫就好了！"

在普里马科夫出任总理期间与共产党人保持良好关系的问题上，出现了一些偏激的言论。比如亚夫林斯基直到几年之前

109

还在坚持他的观点:"1999年春季,共产党人想要发起对叶利钦的弹劾案,但普里马科夫既没有对弹劾行为表示支持,也没明确发表反对的意见,他根本就没有表现出自己在这个问题上的立场。普里马科夫一开始依靠两条腿站立在那里,一条腿是叶利钦,另一条腿是共产党人。当弹劾案发起的时候,两条腿撤走了,他也就随之倒台了。"

在普里马科夫想要促成的俄式《蒙克洛亚协定》问题上,也存在不少对他的偏激观点,认为他与共产党人之间有串通行为。事实上,普里马科夫只是想要做一个公开化的尝试,以避免发生社会爆炸的情况。

我们不能低估俄罗斯第一任总统的政治敏锐度,在当时的情况下,新政府的每一个动作都将对克里姆林宫产生不利的影响,因此叶利钦必须要快速地解决自己接班人的问题,而且新总理必须由那种可以"制服"的人来出任。但在普里马科夫卓有成效地工作了半年之后,任何一个接班人都不可能拥有如此的威望。作为以总统"接班人"身份出现的总理,如果无法拥有崇高威望,那就绝对无法被容忍了。

但叶利钦对此做出了精确的计算,普里马科夫只有一个弱点——他不够残忍;他被企业界拥护,性格直率但做事有条理,拥有很多为社会所拥戴的品质,民众希望能在他的带领下建立起一个有秩序的国家。内务部部长当时做出了承诺,他有能力来应对这些要求。普里马科夫的下台并不是一个突发事件,他是在斯捷帕申被安置在第一副总理位置上的两个星期后被解职的。

十四
从政治家到政治思想领路人

离开政府并不意味着普里马科夫真的离开了政治。对于这样一位在任上取得了极大成就的前总理而言,被解职下台的遭遇并不能消磨掉他的政治抱负。普里马科夫向时任莫斯科市市长卢日科夫提出建议:成立一个名为"祖国—全俄罗斯"的竞选联盟,去参加将于1999年12月举行的国家杜马选举。普里马科夫并不是随意做出这个决定的,而是审时度势,清楚地了解当时的政治局势发展情况——当时俄罗斯政坛的中左翼力量的影响力是不足的。普里马科夫认为,建立在丰富的政治理念基础上的中左翼力量,假如能够拥有一位有号召力的代表人物,就有能力在俄罗斯政坛作为一种架构的存在而发挥自己的作用。由于普里马科夫的巨大声望,祖国—全俄罗斯成为杜马第三大党,他本人也出任该党在国家杜马党团的主席。

现在,距离那场杜马选举已经过去20年的时间了,可以提出一个合情合理的问题:为什么普里马科夫作为一个拥有重要政治资本，声望极高的政治家，会决定加入这个不上不下的党派呢？ 是不是他的观察力出了问题，这一次看走眼了呢？对于这个问题，我们很难给出非常简单的答案。一方面，普里马科夫在杜马选举过程遇到的主要对手是"团结"党，也就是普京的力量。另一方面，普里马科夫在选举过程中，有没有在那些之前迫使他倒台的人再一次对其展开攻击的时候选择屈服呢？ 普里马科夫本人对联邦安全委员会的领导人也持尊重的态度，毕竟后者在 1999 年 5 月那很不正常的政治氛围之下还前去普里马科夫的家中做客，向后者工作中取得的成绩表示了敬意。

我们不应忘记的是，1999 年那富有戏剧性的杜马选举并不能表明俄罗斯的政治体系已经发生了变化，杜马始终都无法在官员的任免问题上发挥影响力，但总统也无法左右杜马选举，获得克里姆林宫支持的"我们的家—俄罗斯"在 1995 年杜马选举中也没有获得预期的席位数。在与亲普京的"团结"党进行竞争的问题上，有两个情况应予以说明：首先，普里马科夫并没有像"祖国—全俄罗斯"党的其他高层领导人一样，直接与普京展开个人竞争；其次，普里马科夫是一个很有自尊的人，他一直恪守自己的原则，在过去的所有工作岗位上如此，在此次竞选过程中也是如此。

根据各方的回忆，普里马科夫公开表示自己不希望与普京在下一次大选中争夺总统职位："我认为，他很清楚我的决定，我不会去参加总统竞选。我亲自告诉他的。之所以做这个

十四 从政治家到政治思想领路人

决定,是因为我其实并没有胜出的把握,毕竟我不掌握大众传媒的力量。而普京已经在社会上树立起了自己的良好形象,特别是他对车臣的恐怖分子以及分裂主义者施以重创之后。如果我参加的话,势必会将大选带入第二轮,但其实普京在第一轮就可以获胜。"对于普里马科夫而言,国家利益要远远高于他的个人利益……

在 2000 年 1 月举行的国家杜马大会上,普里马科夫再次成为全社会关注的焦点。当时的会议主题是讨论杜马主席的人选,作为"祖国—全俄罗斯"在国家杜马党团的主席,普里马科夫也被提名了,但他表示自己无意于这个职位。这个决定导致了党团之间在杜马委员会职位分配问题上的分歧。当时普里马科夫所率领的党团与"亚博卢"联盟以及"右翼力量"的党团较为平均地获得了杜马中的职位。得益于此,国家杜马中形成了相对稳定的多党派相处的景象,由于之后发生部长分配的问题,这"三驾马车"成了俄罗斯媒体口中的"孟什维克"。①

这种分配情况自然引起了普里马科夫一方的严重不满,他在杜马会议的讲台上对杜马所发挥的作用以及总统大选中出现的一些问题予以批评。普里马科夫认为,俄罗斯总统大选的结果"基本上已经确定了",他提出了杜马主席"作为国家领导层的一分子","必须要拥有更多的政治话语权"。但杜马议员中的大多数人都已经"串通好了",没有对这个倡议给予积极

---

① "孟什维克"一词属于音译,本意是"少数派",即 Меньшевик。——译者按

的回应,新当选的杜马议员们并没有将增加人民的福祉作为自己的工作目标。

2000年2月,普里马科夫发布了一份"经过深思熟虑之后的决定",即他不会参加即将举行的总统大选。"实话实说,做出这个决定并不容易。1999年12月17日之后,即当我宣布参加总统大选之后,我收到了数千份支持我的信件和电报。但当我进入杜马工作之后,随着大选时间的临近,我发现我们的社会远没有实现真正的民主,我并不认为这个情况会在几个月的时间内得到扭转。"

尽管普里马科夫的工作很忙,但他在杜马中的努力是卓有成效的,他一直以很认真的态度去参加会议。2000年5月,普里马科夫以私有化政策"主要评价者"的身份对该政策在促进生产的问题上表态。普里马科夫表示反对"任何一种大规模改变所有制"的做法,也就是改变在20世纪90年代曾经在国内长期执行的这条政策,但普里马科夫也强调指出,只有根据各个企业的实际生产情况,才能对"私有化对生产的作用"做出评价。与此同时,普里马科夫还强调,在任何情况下"都不能因为出于防止市场垄断的目的而再次对生产资料进行再分配了"。

在国家杜马的讲台上,普里马科夫还提出了关于优化中央政府与地方政府之间税收政策的建议。普里马科夫指出,必须要实现"税收资金流通的最优化"——采取先由中央收取税费,之后再根据地方政府的需要予以拨款的方式。普里马科夫

十四 从政治家到政治思想领路人

强调指出,只有首先制止地方政府在税收问题上的"自由行动",才能真正实现税收资金的顺畅流动。

2000年5月的一次杜马会议上,普里马科夫指出,有的人认为在"资本的原始积累"阶段是谈不上什么"经济犯罪"的,这纯粹就是一种"混账观点"。

普里马科夫对这类问题报以极大的关注,因为他本人就是这方面的权威。普里马科夫在2000年春季的一次国家杜马全体会议上,就所谓建设"商业文化"的问题提出了自己的观点:"在一个精神价值上没有足够地位的国家,我们是无法生活下去的。"

1999年发生的各党派"内讧"现象,最终导致"祖国—全俄罗斯"党并入"团结"党,普里马科夫也因此而失去了该党在杜马党团主席的职位。普里马科夫自此通过自己在学术研究以及政府高级领导岗位上所积攒下的丰富经验,转而从事其他更为紧迫和有意义的工作。主要可以分为三个方面。

第一个方面,普里马科夫以非官方的身份继续自己的外交活动。应该说,如果没有他的参与,当时有很多外交使命是难以成行的。2003年2月,普里马科夫受普京之邀前往巴格达,目的是向萨达姆传递俄联邦总统的口信,劝后者放弃伊拉克总统的职位并且举行民主选举,从而避免美国对伊拉克发起军事行动。正是因为普里马科夫具有与萨达姆交流的经验,再加上当时对形势的判断——巴格达已经直接处于美军的进攻威胁之下,普京才请其出马斡旋。

在国际交往的工作中，普里马科夫最主要的方向是在由俄美两国离任的国务活动家组成的小组中，与基辛格进行交流和沟通。此时小布什即将结束第二个任期，而新总统奥巴马很快就要入住白宫。由于俄美两国是有目的地开展对话，这个小组所吸收的全都是两国拥有最高影响力的政治家。基辛格曾经着重指出过普里马科夫在协调小组活动以及加强其内部团结的重要作用："他敏锐的洞察力以及对全球化态势问题的丰富知识都来自长年在高层的工作实践，他忠于祖国的信念对我们找到共同的道路产生了很大的作用。我们一直都同意一个观点，那就是我们两国必须彼此尊重。"

客观地说，俄美关系在 21 世纪第二个十年的中段已经严重恶化了，甚至还要差于冷战的最后几年时间。基辛格指出，普里马科夫曾致力于挽救这样一种"危险的态势"。

在普里马科夫生命的最后阶段，他对莫斯科与华盛顿之间的双边关系发展到如此地步是非常失望的。据 20 世纪 70 年代曾经与普里马科夫一同秘密出访以色列的科托夫回忆，普里马科夫在去世前的两个月告诉他说："我们必须要找到一种能够与美国正常对话的形式，不能忽视对原则问题的讨论，但在这个对话机制中，也不要寄希望于能够同美国人处理好那些涉及重要国家利益的问题。" 2015 年秋，普里马科夫与自己的老对手奥尔布赖特进行了一场对话，他说："我对俄美关系发展到了多年来的最低点感到十分地担忧"。

有不少观点认为，俄罗斯不应该错误地冷却与美国及西方国家之间的关系。但普里马科夫在分析了俄罗斯的对外政策之后指出:"俄罗斯大多数民众是支持国家领导人的对外政策的,他们并不反对普京,因为普京的政策路线是在确保本国国家利益的前提下,仍旧打开同世界各国进行对话的大门,其中就包括美国和欧盟,从而避免引发严重的国际危机。"2015 年年初,"致使我国在包括经济在内的很多领域都被世界孤立的路线"已经变得"很坚定了",普里马科夫就此提出自己的观点:"这对俄罗斯而言是一个自我更新的机会",他支持国内经济生产的转向,因为这"有可能会引起俄罗斯经济质和量的增长"。

普里马科夫在 2009 年 3 月 19 日为时任俄联邦总理的普京与基辛格牵线,促成他们的会晤。这次会晤的内容很明确,就是要努力消除"俄罗斯与美国 4 个小时时差引发的方向迷失":

其一,美国发布了许多文件,明确指出本国是当今世界"在经济、军事领域最强大的国家,要按照自己的计划去影响世界",但这个情况完全不代表世界秩序真的就会进入单极化时代。

其二,会晤中确定了一个重要的观念,苏联的垮台"不意味俄罗斯输掉了冷战"。

其三,提出在"大国间力量对比变化的多极化世界秩序"中,不应该寻求建立旨在损害"作为国际舞台主要博弈者"的美国或俄罗斯国家利益的国家联盟。普里马科夫认为布热津斯基有关"两极体系"的预测观点是错误的,因为这个观点在暗示华盛顿和北京之间应该建立一种"类似于北约的架构,为稳定世界局势负责",而且所谓"中俄印铁三角"或俄罗斯"试图联络某些'老欧洲'国家共同反对美国"的观点也是不正确的。

其四,驳斥了所谓今日的俄罗斯如同在冷战时期一样意图与美国"展开一场零和博弈"的说法。如果这个假设成立的话,那么俄罗斯就将像美国在冷战时期援助阿富汗穆贾希德一样,去利用伊拉克的形势。

普里马科夫对两个大国忽视他们之间所存在的矛盾冲突感到相当不满。在冷战时期这种现象是不存在的,因为俄美之间的现实矛盾正在损害两国的国家利益,应该"对局势做出管控"。眼下国际政治的"主要博弈者正在或很有可能马上进入直接的对抗之中"。

普里马科夫的第二个主要工作方向是处理俄罗斯在新政治空间下所产生的问题——在21世纪初普京第二个任期即将结束之时,新政治空间的外廓迅速地成型了。此时出现了许多意想不到的情况,颇具讽刺意味的是,虽然普里马科夫当时已经离开了政府领导岗位,但他作为一位很有威望的政治家却没有事不关己高高挂起的心态。此时俄罗斯所面临的许多问题,其实都是普里马科夫于20世纪90年代以官员身份参与国家事务时就出现的,这些问题此时已经难以处理而且严重阻碍国家的发展——需要处理好政府、商界与社会之间的关系。为完成这

十四 从政治家到政治思想领路人

个使命,普里马科夫受命出任俄罗斯工商会主席一职。

普里马科夫曾经说过,在世界上有很多相似的领域都需要"富有洞察力、开放的事务管理"方式。在主管俄罗斯工商会近十年的时间里,普里马科夫为俄罗斯能够建立起一种开放、稳固、为各方所遵守的法制商业规则而付出了很多的努力。

普里马科夫非常敏锐地看到,俄罗斯当局对发展实体经济动力不足和缺乏对相关领域的投资,而且没有将此作为优先事项。普里马科夫认为,有必要在这个问题上形成一个较为完整的规划,其中应包括对民族经济予以扶持的内容。

俄罗斯工商会提出了很多解决俄罗斯社会信用问题的方案,针对的是历史性的、久已形成的问题和新生的"棘手"问题,也就是如何解决从中央干预生产转为社会自发组织的问题。其实解决方法就是现在普遍认同的观点,即采用自由经营的方式进行社会生产,这与普里马科夫在总理任上 8 个月里所做的是一致的:打击腐败并执行正确的税收政策——通过"看不见的手"来规范秩序。普里马科夫从未停止与腐败现象的斗争。在他的领导下,针对如何遏制官僚主义的问题,俄罗斯工商会发起了许多有建设性意义的倡议。

2002 年年底,在普里马科夫的指导下,俄罗斯工商会经过分析研究之后,向普京递交了一份名为《关于俄罗斯国内经济生产活动中的避税现象》的报告。这份报告首先陈述了一个事实:在 20 世纪 90 年代内,俄罗斯曾经出现过大量资本外流的情况,总规模大约在 2500 亿美元。在这些向外流失的资本当中，有三分之一投向了不动产，所以这些钱"是无法再返回国内市场的"。还有略少于三分之一的钱用来购买国外的有价债券，这些钱将来能否再回到俄罗斯也是一个未知数。最后，有略超过三分之一的钱进入了银行系统，于是这些资本当中"有差不多三分之二的部分在其接受国内，或是直接投资，或是进入了某些企业"。在这种情况下，很多对俄罗斯的投资行为违背了俄法律规定，投资者既然无法在俄罗斯获得正常的利润，也就不可能向政府正常缴纳税款。据估算，此类投资的总额大约在 300 亿美元，报告书提出要和这 300 亿美元的资本进行"斗争"。除了上述的 300 亿美元之外，还应该予以注意的是目前民众所掌握的大约 400 亿至 600 亿美元。这些由普通民众所掌握的外汇很有可能正在进行非法经营活动，但俄罗斯工商会认为，在"所有者所掌握的这些外汇中，有一半以上"是在进行合法的经营活动。

至 2002 年年底，"潜在的合法化资本"已经达到了 500 亿至 600 亿美元。出于实现资本合法化的目的，俄罗斯工商会建议对"影子"资本进行一场特赦。"特赦"一词在新生的俄罗斯几乎第一次使用，上一次也许是在很久之前了，这是国家最高领导层才有权发布的指令。这份分析报告列举了一些国家将"影子"资本进行合法化成功或失败的案例——比如哈萨克斯坦的经验。俄罗斯的立法与行政机关（其中就包括不久前成立的联邦金融监察局）首先对这份报告进行了审议，同意俄罗斯政府采取此类措施，报告书还提出了接下来实现特赦所需要走

十四 从政治家到政治思想领路人

的几个步骤。在这几个步骤当中还包括信息技术方面的办法,比如与"国际信息进行同步",以及"与其他国家的金融情报机构展开合作",等等,其目的在于"让经济活动快速'流动'起来"。在报告的起草者看来,实行特赦的前提条件是将相关资本纳入俄罗斯政府的管理体系中来。

报告的最后提到,有必要设立"有关俄罗斯资本海外投资管理"的专门法,该法规有助于简化俄罗斯公民向海外投资的手续。在吸引境外资本来俄罗斯投资的问题上,应该成立一个"专业的投资基金";在"自愿原则的基础上"将俄罗斯的资本积攒起来,有计划地向海外投资。在俄罗斯工商会看来,最好是由"国外拥有较高声望的信托公司"来完成这项工作。这类公司应该不只是"按照西方国家的标准"来行事,而是应该对"从俄罗斯获得的资金"进行管理,从而用于振兴俄罗斯的经济。

普里马科夫在优化税收政策与企业之间关系的问题上付出了很多的心血。普里马科夫认为,所有已知的好方法其实都应该首先符合以下两个前提才能适用于今日的俄罗斯:首先,告别国家的管控,形成协作的关系;其次,要实现经营的多样化发展,尽管国家之前在这个问题上曾经犯有错误。普里马科夫建议,在制定政策时要考虑到俄罗斯的客观实际,而且当前的情况很有可能会持续相当长的一段时间。

普里马科夫还研究了很多严肃的理论问题,他从来不排斥经济现代化与政治现代化之间的关系,他认为这两者之间的关系是相互联系和相互依存的，不论是对全世界还是对俄罗斯一国而言都是如此。他在一份草稿——《关于世界危机与现代化前景的简报》中谈到了许多的观点，他写作的范围还涉及了2008年下半年所发生的情况。针对席卷全球的经济危机，普里马科夫给出两个解决办法。

一，在任何情况下都不要否认"不同国家各自的全球化特征"，不应该出现这种全球化倒退的情况——"全球市场经济退回到以民族国家为单位的范式，比如说有不少世界经济的中心正在试图加强自身的竞争力以便同竞争者们进行博弈"。

二，为了防止"大银行和企业的无序行为"激化危机，应该努力"加强国家在经济活动中的作用"。在维护全球市场经济的问题上，这一条建议与上一条建议完全没有相抵触的意思。只不过因为国家与超国家组织有较大的区别，前者是有能力去防止"无序行为"发生的。但各国政府必须首先恪守一个原则——一定要坚持全球化的价值观。

2010年时，由普里马科夫领导的俄罗斯工商会向普京递交了一份报告，名为《2010年俄罗斯联邦国家安全现状及其应对措施》。这份报告涉及很多的问题，其中包括"建设现代化工业、经济和贸易基础设施，为企业创造更为有利的生产环境，发展经贸与科技之间的联系"等。在2008年爆发经济危机的情况下，报告将主要注意力聚焦于上述问题的同时，也列举了危机对俄罗斯国内局势的影响程度。该报告认为，俄罗斯的经济遭受了严重的损失，形势很有可能在未来一段时间内更

十四 从政治家到政治思想领路人

加严峻。与此同时,这场危机也为俄罗斯上了很好的一课,证明"依靠能源出口促进发展是一条死胡同",因此很有必要真正加强并革新生产领域的发展。

最后,普里马科夫还在全球政治的层级发挥着自己的作用,这是他付出很多心血的第三个方向。当他出席联合国高层危机小组有关危机应对与时代变迁,及国内有总统参加的"水星俱乐部"等会议时,他发起了很多的讨论,包括如何才能有力保护俄罗斯文化与文明的特征,以及国家的主权,还有最为核心的问题——如何确保自己的国家继续作为当代世界富有竞争力的一极。

显而易见的是,还需要再经历一段时间,我们才能真正体会到普里马科夫那宏阔的视野以及他一生遗产的价值,既包括思想理论的一面,也包括政治实践的一面,这一切终究会为更多的人所了解。在普里马科夫那极具个人特色的政治遗产里,究竟有多少能够为后代人所理解,就像他们学习有关历史的经验教训一样,这是一种对当代生活的实践启示——有的部分可能学会了而有的部分则有可能没有学会。从这个意义上进行分析,普里马科夫还将长期地存在于当下。

十五
普里马科夫思想对 21 世纪的意义

在 1999 年离任政府首脑直至 2015 年逝世的这些年里，普里马科夫从未间断过对国内外各个领域事务的敏锐思考。普里马科夫在这 16 年间所写下或讲出的，就是他留下的思想遗产，这些足以支撑起一个能够代表他的思想的完整体系了。也许普里马科夫在世时并没有给自己布置下这样一个建立完整意识形态架构的任务，但他却在客观上完成了这个使命。

很有可能的是，普里马科夫并不想将自己对所处时代的看法归纳总结成一个思想体系，因为任何一个理论形态都必须要确保具有简练、完整和实用的特点。但普里马科夫从未出版过类似的著作：他所有的观点都是直接为现实服务的，这就意味着这些观点是不完整和非定型的，但最主要的问题是他的建议在多数情况下都没有被落实。

在这种情况下，我们在谈论普里马科夫思想的时候，可以将注意力放在他已发表的观点上。因此，本书的作者决定将

十五　普里马科夫思想对 21 世纪的意义

普里马科夫于 1999 年至 2015 年所表达的观点作为他思想的核心部分，以"普里马科夫如何看待某个问题"的形式作为论述的方式。在下文中，我们将会看到普里马科夫的思想与洞察力究竟有多么深邃与强大，能够为我们今天和未来提供怎样的启示。下文还要全面讲述普里马科夫思想在不同时期的发展情况，其中包括 21 世纪初，普京的第二个任期结束之前，"主权民主"诞生前后，世界经济危机爆发之时以及 2014 年的"俄罗斯之春"期间。尽管普里马科夫已经离开了我们，但他的许多设想均已经实现，这充分证明了他思想的生命力。

关于企业、所有制与私有化

俄罗斯所有的经济增长战略都只能依靠为数不多的商人来支持，而这些人正是通过大量出口国内的能源获利，他们站在"金字塔"的塔尖上。

规模极为庞大的石油和天然气通过长达数千公里的管道出口到国外，尽管这些收入是支持国家运作所不可或缺的，但同时也导致了在技术发展和官员政务管理上过度保守的情况。与之相对应的是，只有少量的企业做好了创新的准备。

为了能够扭转企业家被黑恶势力控制的局势继续恶化，国家必须通过财政预算帮助小商人加强经营。

俄罗斯必须拥有"不止一部能够确保企业正常利益的法律法规"，而且还必须让各方都严格遵守，在没有获得俄罗斯工商会批准的情况下，不允许向国外出口商品。

国家应该对商业予以支持——在条件允许的情况下，将部分私有生产资料收回，并通过外力对这些生产资料进行管理，而不只是成为一个"守夜人"。重新集中上述生产资料，必须建立在俄罗斯的企业已经清除了20世纪90年代所遗留下来后遗症的基础之上。

政府现在所行使的许多职能，没有真正作用到最基础的经济体以及他们下属的社会组织。如果能够改变这一情况，将有助于俄罗斯建立起一个长久的"开放的公民社会"。

应该在大型能源企业中"消除超高收入阶层"，这一现象的形成有其历史原因，源于20世纪90年代俄罗斯建立市场化关系的过程之中。现在需要针对这个问题在所有垄断行业里进行一场"精确打击"，展现政权应有的威望。

国家与经营者之间应该进行"平等的对话"。通过这条道路有望在市场经济条件下，建立起"人本主义的面孔"并同时进行本国的文明传播。官员与企业主应该一同奏响"交响乐"，但首先必须清除腐败的影响，否则就无法达到全面机构改革的目的。

企业主是"市场关系的火车头"——但他们无法承担对社会贫困阶层予以帮扶的社会责任，比如儿童无人抚养等问题，这些都引起了一般民众对生产关系本身的不满。"市场无力实现民众社会福利的改善。"

私有化过程中出现的违法情况导致这一进程最终没能达到预期的效果，在对抗的情况下，脆弱的社会和平很有可能会

十五　普里马科夫思想对21世纪的意义

因为私有化行为而遭到破坏。因此，在任何生产资料自由化的过程中，只要是严格按照法律规定完成的，我们就一定要完全承认其合法性。

关于法制建设

法制体系是一个富有生命力的系统，就如同人身体中的各个细胞在不断生长和消亡一样。如果已经死去的那些细胞迟迟不能被清除出体外，那么整个躯体就有发生坏死的趋势。为了避免发生这种情况，企业和法规就必须进行一场双方共同参与的协作过程。商业在国家和人民面前拥有自己的义务，只有首先完成这些义务，才可以为其在20世纪90年代的所作所为"恢复名誉"。与此同时，国家也对商业负有义务——确保在法律范围内，为后者提供更好的服务。

法律上的虚无主义无助于制定出坚实的、合乎实际的政策。为了能够促进社会的发展和强大，国家必须发展自己的法律体系。国家所发出的所有政令都必须能够经得起法律的推敲，而且不论是在哪一个领域或是哪一个层级，都应该成为一条必须要予以遵守的铁律。

在对政府机关执行现行法律情况进行监察的问题上，司法机关必须对法律做出"外部的修正"。联邦委员会应该在这里发挥出自己的作用，也就是说这个机构必须要"从生活中"提取信息，然后再送交国家杜马，这个工作自然也会在一定程度上带有抽象的色彩。

关于多极化

当代全球化发展趋势是"去意识形态化的国际关系"，"相互依赖的完整世界"。冷战时的观念已经过时了。

这个发展趋势建立在以下三个基础之上：全球化、跨国投资和"跨国公司的生产活动"。这三个因素所起到的重要作用会逐步为全世界所感知。

在全球化向前发展的同时，国家利益并没有随之消亡，而是在全球化不断发展的过程中起到确保这个体系内部秩序及其稳固自身的作用，不论是在帝国时代还是在民族国家时代都是如此。新的地缘政治条件要求更广泛、更多层次和成系统的途径来解决当代问题。国家利益在任何一个时代都是存在的，因此没有必要批判或是反对全球化。需要做的事情就是对照现有的全球化现实，然后采取新的措施来保护国家利益——这既不是在当代世界前进方向面前的投降行为，也不是对其无视的态度。

在多极化的世界里，需要从更宽广和全方位的角度重新审视"超级大国"的概念。超级大国的时代已经过去了。超级大国只可能在一种情况下产生——大国对抗的前提之下。因此，在苏联瓦解之后，美国也不再是一个超级大国了，尽管它成为世界上最强大的国家。

当代世界的多极化形态有助于全球化的发展，而且国家间的利益冲突也已经成为局部化的问题，其后果也不再可能是

十五　普里马科夫思想对21世纪的意义

大国间爆发战争。在全球的政治空间内，两个中心的形态已经不复存在——这就意味着博弈手段的增多。布热津斯基从较大的视角看待这个问题，他认为"这是只有一个棋手的棋局"。这种"一人棋局"注定导致棋手只关注与自己相关的问题，长此以往，棋手必定会被自己所制造出来的许许多多局部问题搞得焦头烂额。

多极化世界的出现并不等于美国对俄罗斯民族传统进行贬低就是对的。与之相反的是，我们应该理解为俄罗斯在经历了20世纪90年代的沉睡之后，重新扎根于国际体系之中，拥有影响国际关系的巨大的稳定潜能。"在全球不同力量中心发展进度不一致的情况下，世界多极体系能够获得稳定的发展。在当今世界，多极化正是全球化发展的基础……如果不是这样，根本无法破除经济与科技相互隔绝的状态。"

今天已经没有任何一个国家能够置身国际结构之外——这正是多极化世界的政治创举。

普里马科夫引用了美国卡特总统任内担任副总统的沃尔特·蒙代尔的话："新保守主义的极端革命给美国带来了灾难，使其在主要对外合作伙伴的问题上遭受了损失。"在苏联解体之后，美国的新保守主义者——鹰派感到十分骄傲——他们真诚地认为自己取得了胜利，打败了最主要的竞争对手。美国将自己视作唯一的超级大国，想要在世界各地推广美国"样板"。但是，美国的相关做法显得十分草率。

"9·11"恐怖袭击事件发生之后，新保守主义者"制定出了后冷战时期美国'全球霸权'的理论基础"。这个由新保守主义者创建出来的理论是单边主义的，理论基础就是新保守主义。新保守主义试图建立起一种新的全球秩序，其核心内容就是单极体制。在全世界范围内，美国要在所有涉及自身利益的地区展开大规模的斗争，在需要的时候，还会采取先发制人的手段。美国最主要的敌人是所谓"邪恶轴心"国家——伊拉克、伊朗和朝鲜；"民主输出"思想出现，而最主要的输出方向是伊斯兰世界。

"针对在中东地区内所有信奉伊斯兰教的国家"，美国展开了直接干涉国家内政的行动，强迫各国实行亲美的政治路线，而美国对这些国家的侵犯导致了一波波的恐怖袭击浪潮。

最为危险的情况是，美国在推翻伊拉克政权的问题上并没有获得联合国安理会的授权，这种行为会导致全世界因除意识形态之外的问题分裂——根据"文明与宗教信仰"的原则。这种做法无疑为美国在处理体系内尖锐问题时动用武力扣动了扳机，这就为美国和世界上其他大国都带来了许许多多的新问题。

联合国的权威遭到了削弱，而美国的野心在继续增长。联合国安理会的决议被漠视，而"民主输出"仍在继续。"出现了相互关联的发展方向：在感到国际威胁存在之时，美国开始独自执行先发制人的政策并与联合国的距离越来越远。"

在最近十年左右的时间里，联合国已经成为一个装饰品，或者说是一个摆设。正是某些大国过度的野心才导致了这

十五　普里马科夫思想对 21 世纪的意义

个结果。如果不对联合国进行较大程度的改革，是无法浇灭这种大国野心的。

在东西方之间二选一作为主要方向是错误的方式。俄罗斯的政治传统已经延续了几个世纪，在这一套传统中，并没有亲西方的习惯，且必须要抛却将某种"形态"固定的观点，既不能是联盟性质的，更不能是军事同盟性质的。这种"形态"就是俄罗斯—中国—印度三角关系。在"三角关系"中展开外交合作等活动有利于实现区域内的局势稳定。

多极化对于各国来说是一种能够帮助它们实现自我愿望的结构，而单边主义——多方面的政治行动（主要指的是美国）——反而会损害执行这种政策的国家自身的利益。而且这种报复性的伤害不仅会带给政策执行国损失，还会殃及该国周边的国家，"美国对伊拉克的侵略在事实上证明了单边主义的破产"。

美国极力促进北约东扩，逼近俄罗斯的边境线。相较于老成员国，北约的新成员国对美国表现出了更多的服从，同意美国在本国领土上设立军事基地。"北约东扩进程的加快，使得新成员国成为美军的驻扎地。"

"如果俄美关系陷入新的冷战格局，那么所有国家都是输家。"国家间的政治斗争一直都存在，特别是在体量巨大的国家之间，比如俄罗斯与美国。在一个健康的竞争环境中，间谍活动或是经济上的博弈其实并没有什么坏处，但是这种竞争对双方也起不到什么好作用。战争——哪怕是冷战势必会导致敌对国之间长达数十年的关系中断。因此，有必要在斗争与战争之间划定一条边界线。

"20世纪90年代，美国获得了极大的发展，而俄罗斯却失去了一个时代。不过俄罗斯早已声明自己在国际舞台上所承担的博弈者地位。显然，俄罗斯已经不再沉睡，她觉醒了。"

如果"北约东扩"能够建立在不伤害他国利益的基础之上，那么这种超国家主权的行为也许有能力在一定程度上促进关系的缓和。

关于政治思想

当代俄罗斯缺乏专业分析形势发展问题的机构，此类智库的发展壮大可以获得很多的收益——对国际舞台上的博弈者下一步的行动方向做出预测并有针对性地做好准备。因此，现今相当重要的一个任务就是建立起这样的专家机构，在"头脑风暴"的机制鼓励下对世界局势做出预判。

来自不同研究领域的专家一同进行的研究分析不仅仅可以为国家节省大笔的经费，更重要的是人的才智得以发挥。通过研究分析的工作，我们可以预先得知在什么问题上会出现怎样的反对者，甚至在反对者做出反对的决定之前就能预测到。

对于我们的国家来说，在这个转型的时代里最为宝贵的财富就是人的才智。技术分析方法已经被认为是一种能够帮助制定政策的全新方法，但这个方法首先基于人的才智。只有如此，技术方法才能够在商业和政治领域发挥自己的作用。

十五 普里马科夫思想对 21 世纪的意义

单纯通过经济因素来分析政治决策源起的方法,现在可以被认为是过时的了。尽管此二者相互联系,但政治与经济——在国家行为中是两个不同的、独立的领域,尽管它们之间有时会出现相互影响的问题,比如说苏联与美国曾经展开过的军备竞赛。当时就出现了经济因为政治而受损的情况。有时也会出现相反的情况,政治会因为经济而受损。

真正的政治家必然是一个专业的经济学家,他了解经济运行的理论,对其中弱的和强的方面进行考察,通过采用新的措施对其进行改进,甚至还会时常否定一些陈旧的做法。

关于自由主义

后苏联时代的第一代自由主义者实际上是伪自由主义者。也就是说,这些人其实都是寡头阶层,他们在毁灭了苏联之后甚至进一步破坏了国家的根基,造成 1998 年短期债券崩盘的情况。尽管这个阶层已经远去了,但他们所留下的很多东西仍然被今日的新自由主义者效仿。

国家在调解经济方面发挥着自己的影响力,在各个不同的力量中心之间曲折前进——经济发展部和财政部就担当着这样的职能。

很多自由主义者不允许"红色路线"越过自己的改革举措,将这个问题与"保卫国家政权"结合在了一起,他们希望能够减少社会支出和安全支出,甚至还反对"当前俄罗斯最为重要的两个现实问题:改变经济结构以及向创新性发展模式转轨"。

在这里有必要对"自由主义"和"新自由主义"的概念做出区分。自由主义所设想的模式本身是不应受到谴责的，该理论强调同腐败现象之间的斗争，反对在选举中弄虚作假，要求保障司法独立以及法制在社会生活中的最高地位。新自由主义者除了上述要求之外，还要求国家停止干预经济生活，免除针对民众的社会支出，削减包括国防经费在内的财政预算，将个人置于社会之上。这种政治主张对于俄罗斯国家和社会而言，绝对是有害的。

民主化的进程不应该导致"无政府现象"的发生，且必须是受监控而且对国家有利的。与此同时，国家的主权必须是处于无可置疑的地位且完全予以保留，民主化应该对国家机关的社会保障能力有所提升，而不是去破坏原有的职能。

"俄罗斯自由主义者和新自由主义者之间并不存在明显的区别，特别是在经济问题上，执行新自由主义经济政策的话，必然会给国家带来相当消极的后果。"

那些曾经在 20 世纪 90 年代掌控经济生活的新自由主义者其实都是伪自由主义者。这些人并不是专业人士，他们不仅仅是两面派而且无视国家的利益。在整个叶利钦执政的时期，这些伪自由主义者完全控制了国家的生产经营。"他们不只是在科技与经济活动改良问题上几乎没有采取任何有益的做法，更是挤占了本应用于重要领域的资源，包括国防和民用领域的资源。"在伪自由主义者的积极活动下，少数人组成的寡头集

十五 普里马科夫思想对 21 世纪的意义

团占据了俄罗斯几乎全部的资源,他们还获得了撬动政权的有力杠杆。

当代俄罗斯新自由主义者不仅不批判 20 世纪 90 年代的伪自由主义者,他们反而还将后者的事业发扬光大了。西方国家所发出的任何一种观点,哪怕已经是陈旧过时的也会被这些新自由主义者不假思索地运用到俄罗斯。

"在 21 世纪初期,国家与个人之间进行合作的观点成为一种主流意识。这种形式可以被视作对新自由主义思想的反制。"

新自由主义并没有解决俄罗斯最主要的问题:第一,没有实现全面的私有化;第二,俄罗斯继续保持国家社会主义的特征。

"国家政权在积极推动民主化发展的同时,绝对不应该排斥民众对该问题的积极性,可以让社会的创造性成为国家政治的一个组成部分,由社会来监督民主化发展的进程。"

关于国家

国家的各项职能是必须要保留和予以维护的。也就是说,国家是任何制度创新以及经济发展的源泉。反对极权管理方式以及将必要的职能转交给社会领域,并不等于反对国家的最高管理地位。

在中右翼力量(统一俄罗斯党)和发展尚不健全的中左翼力量之间,产生了一场关于上述问题的辩论。这种"中左翼理论虚位"的状态是不利于现实国家利益的。作为一种概念，"左翼"与"右翼"是相对存在的，属于当代俄罗斯的现实需要。"左翼"力量赞同能够有力管控经济并限制大资本势力的社会主义制度，而"右翼"力量则持相反的立场，他们反对国家对经济进行管控。

在这种情况下，建立起一个强大的中左翼政治组织，成为确保市场经济与社会保障体系之间关系平衡的重要前提。假如能够出现这样一个组织，还可以确保避免出现寡头政治体系。如果俄罗斯不能出现这样一股力量，在那些伪自由主义者的积极活动下，之前发生的国家分裂的剧本将会再一次上演。

官商勾结是不被允许的，政治腐败必然会导致极少数极富裕群体的出现，并致使绝大多数人的赤贫，不但会对社会的创新造成阻挠，还会形成对小商人的抑制。

国家必须保留对经济进行调控的职能。事实上，这不只是简单的愿望而是对公平的追求，是确保大多数人收益以及振兴国家工业能力的基本因素。

2008年所爆发的世界经济危机，令"俄罗斯也感受到了它的威力"，普京"转移"到了总理的职位上，从而获得了直接管理国家经济的条件。但普京"却忽视了一个问题，即活动在现任总统身边那些人的违法或不完全合法行为"。

之所以推荐梅德韦杰夫竞选俄联邦总统，主要是以下两个原因：首先，2008年时，国内出现了对政府的强烈指责之声，认为国家领导层成员不是直接出自特工机关，就是与之有

十五　普里马科夫思想对 21 世纪的意义

千丝万缕的联系；于是，将一个与特工机关毫无联系的人推送到国家最高领导人的岗位上，也就合乎逻辑了。其次，从普京个人和他所领导的权力体系角度看，都需要"找到一种与自由主义知识分子之间的共同语言"。毫无疑问，这个人选"必须能够做到公正地将自由主义思想与新自由主义立场区分开来，特别是在经济领域"。

但梅德韦杰夫及其团队却执行了一条与普京在位时相悖的路线。自由主义者对这位新当选总统的期望值非常之高。因此，在正式当选总统之前，梅德韦杰夫便调整了自己的执政思路。这个新思路最大的缺陷在于"没有经过广泛的沟通便对许多问题做出决定，引发很多的隐患"。这种自作主张的行为致使在之后的几年时间里不断发生复杂的情况并出现了很多的错误决定。

梅德韦杰夫非常希望能够展现出自己的"创新性"，表达自己建立在自由主义立场之上的"进步性"。但他没有注意到，背离传统会造成全面的崩塌，因为"魔鬼就潜伏在细节之中"。

"想要在俄罗斯实现民主化，就必须要结合现实的情况，这绝对不会是一个只具有抽象意义的过程。"梅德韦杰夫时代的国家垂直政治体系最大的特点主要是不负责任与杂乱无章，而"国家治理缺乏纪律性"就意味着"权力机关失去了行为的边界"。

关于现代化

现代化是一个完整的概念，包括让本国实现再工业化的内容，也就是说要"在严格的现代化基础上"提高生产能力；政治现代化也是如此，应该为实现经济现代化而服务。

与新自由主义理论观点相悖的是，经济体制改革不可能不引起权力结构的变化，应该首先确保经济现代化的实现，即"首先从经济入手"，之后才是"延展到社会领域"以及政治领域。

民主在任何情况下都不应该同国家利益相抵触，但民主化本身是全面现代化的一个组成部分。

现代化"在任何情况下都不应该出现弱化国家的倾向，为了确保俄罗斯能在现代化的问题上取得更大的历史性突破，必须要有一个强大的国家政权与民主制度，唯有这样的政权结构才能保护人民的利益"。

为了完成既定的目标，我们需要建立起一支专业的干部队伍，但现在看来干部的数量是不够的。

"如果闭上双眼，不去理会事实存在的干部资源短缺问题，俄罗斯经济的现代化这个庞大的整体性目标是难以实现的。"为了解决这个问题，必须首要实现三个目标：第一，建立起由各行各业及各个层级的专业人士组成的"干部储备"；第二，建立起"行政管理类干部"的储备机制；第三，寻找并积极培养出色的年轻干部。

普里马科夫的理论思想拥有"广阔的发展空间"，他所涉

十五 普里马科夫思想对21世纪的意义

猎的有关俄罗斯特殊环境下民主、政治与社会经济发展等诸多问题，也属于现代化问题的一个组成部分。缓解人口分布不平衡的问题，增强中央与地方之间的联系，增进中央集权与扩大经济自治——只有建立在正确的国家经济、政治与社会发展思想战略的基础之上，所有这些问题才能够得以真正的解决。

为了俄罗斯内部的和谐与发展，必须要"解除"保守主义者与自由主义者之间的对立。

"令人遗憾的是，我们必须清楚一点，迄今为止俄罗斯在立法工作上仍旧缺乏对'创新活动'的认知。"对于创新活动而言，立法工作上的加强将会起到非常关键的推动作用，促进创新活动走上法制的道路，简化各种审批手续，尤其是在中央影响力较弱的地方。

全球化背景下的去工业化大趋势与再工业化并不相违背。去工业化现象的发生，是各国之间的国际分工造成的。反对俄罗斯实现再工业化的人认为，俄罗斯应该通过一场"大跃进"进入后工业化时代，但现实条件的制约却不可能允许俄罗斯去进行这样一场"大跃进"。没有新工业化——再工业化，俄罗斯不可能恢复自己的国力。在现阶段，俄罗斯再工业化的进程必须建立在成熟的机制以及采用先进技术的基础之上。

经济发展的进步只能建立在"经济模式向创新性转轨"之后的再工业化框架之下。任何非创新性的国家在全球化时代都要面对一种强有力的诱惑，那就是想简单复制西方国家的制度。因此"俄罗斯高层和社会精英都积极推动现代化的进程……但没有注意到我们的国家必定会'淹没于'西方的世界"。除此之外还存在另一个危险的情况，在同西方进行对抗的同时过多地将注意力投向了东方，特别是与中国之间的关系。因此"多元化的政治影响，为俄罗斯实现现代化提供了各种可供参考的选择"。

"对国际社会采取自我隔绝的态度或者不重视俄罗斯现实的话，是无法推动现代化进程的。单纯强调捍卫俄罗斯内部的自我认同感，势必会产生反对现代化的思想。"与此同时，"在我国实现现代化的进程中，毫无疑问需要维持俄罗斯的政治文化"。对政治文化的重建，几乎导致国家在 20 世纪 90 年代走向毁灭，垂直的政权体系是任何一种具有积极意义的政治转型的前提条件。

在"国家而非意识形态"的问题上，必须要执行合乎逻辑的原则。"意识形态不应该在俄罗斯现代化的进程中起到'安全带'的作用——局限于某一个具体的政治倾向，不论是自由主义还是保守主义。"

关于后苏联空间

"我们在很多情况下，都没有承认与独联体成员国之间的平等法律关系，我们甚至有时认为，那些国家远不是合法的。"独联体存在着明显的问题，因为"在独联体的框架下没有成功地解决哪怕是一件民族间冲突的问题，这些问题都是遗留下来的，不论是卡拉巴赫问题，还是格鲁吉亚的阿布哈兹问

十五 普里马科夫思想对 21 世纪的意义

题,或是吉尔吉斯斯坦与乌兹别克斯坦之间的冲突问题——尽管俄罗斯付出了很多的心血去参与冲突的调解"。俄罗斯采取了各种各样的方式参与到了所有的冲突之中,甚至直接去支持其中的某一方。但这些矛盾冲突已经酝酿了上百年的时间,通过文字上的写写画画或是动用维和力量都无法马上解决。

"在可预见的未来,全部独联体国家都实现一体化是不现实的。"我们不应该在独联体一体化的问题上援引欧洲的经验,欧洲国家之间在国家体制、文化、宗教和文明等问题上都是相似的。但独联体国家则完全不是这样。仅在宗教问题上,独联体各国之间就存在明显的多元化现象。独联体国家内生活着斯拉夫民族、逊尼派穆斯林、什叶派穆斯林以及亚美尼亚使徒教会等。

"尽管独联体实现一体化是不切合实际的,但这并不意味着俄罗斯与周边国家之间不能进行合作。"所有独联体成员国都拥有共同的历史——帝俄时期及苏维埃时期。因此,俄罗斯与其他独联体国家的传统联系并没有断绝。在独联体内部打造一个一体化空间非常的重要。

"为了确保独联体内部经济一体化空间的存在,最佳的方案就是首先实现俄罗斯—白俄罗斯—哈萨克斯坦三个国家间的一体化,这三个国家继承了苏联83%的经济潜力。"俄哈白三国一体化的第一个阶段是经济共同体,三国决定建立起一个自由贸易区。

在这一组三边关系中,俄白关系更加紧密。"该'三角关系'成功的一体化进程具有特殊的意义,如果能够沿着俄白关系发展路线前进,还有望获得更大的成就。"

在中国"软实力"在独联体地区不断壮大的情况下,俄罗斯必须要努力扩大自己的影响力。在当前的形势下,只有政治合作多元化才能确保地区内的政治平衡,从而避免不必要的对立。

在乌克兰危机的发展过程中,可以发现当前世界政治中的多重景象。单纯对基辅自由广场上所发生的事情进行分析,是不能理解乌克兰危机产生的真正原因的。事实上,所有在乌克兰发生的情况——都是由美国与反对其所作所为的国家之间的对抗引发的,反对者当中就包括俄罗斯。

俄罗斯与美国富有侵略性的对外政策出现了迎头相撞的情况,在此情况下,俄方共有三个选项来应对美国的挑衅。第一,俄罗斯可以像20世纪90年代时一样,顺从美国发出的强迫性指令,但这必定会严重地伤害民族自尊心,"没有任何一个有思想的政治家和分析家能够预测这种行为带来的结果";第二,俄罗斯可以采取相对称的手段来反击美国的政策,但这样肯定会"带来冷战再次爆发的风险与其他消极后果";俄罗斯选择了第三个选项——对美国随心所欲的越轨行为予以反击,因为美国破坏了世界政治局势的稳定,俄"通过政治和外交的手段进行反抗"。

乌克兰危机对于美国来说是一个很好的机会,而这个危机以和平的方式发展其实并不在美国的计划之内。事实上,局

十五 普里马科夫思想对21世纪的意义

势一度十分地紧张，出现了制裁俄罗斯的联盟，美国不但想通过组织多国联合制裁来压倒俄罗斯，甚至还期望能够诱使俄军进入顿巴斯地区，以便令欧洲国家在很长一段时间出于对俄罗斯的恐惧而完全服从于美国的权威。

关于领土争端

加里宁格勒州是俄罗斯与欧洲国家间关系纷争的"隐患"，该问题将来的发展方向可能存在两个不同的版本：或者是加里宁格勒如同苏维埃时期一样，成为俄罗斯的"社会主义展示柜"，或者是欧盟在俄罗斯的这一块飞地周围建立起一个"包围圈"。因此，我们应该着力实现第一个版本。加里宁格勒州对于俄罗斯而言，不只是一块具有重要军事意义的领土，在经贸问题上也起到了非常重要的作用。这块领土成为俄罗斯地缘政治中最为关键部分——位于欧洲核心位置的前哨站。因此围绕着加里宁格勒市和加里宁格勒州，必然会发生国际政治争夺的情况。对于参与各方而言，停止这种无休止的政治角力对于各方实现经济的共同增长与发展都是有好处的。

关于苏联崩溃

"八一九"事件是苏联崩溃的直接引爆器，而"没有处理好经济发展的问题才是埋藏在苏维埃大厦下面的炸药"。在国家紧急状态委员会成立之时，苏联已经到了走投无路的境地。但这并不意味着国家一定要解体。毫无疑问，戈尔巴乔夫是国家解体悲剧的主要过错者之一,"尽管他推动了新联盟条约的签订,以避免这一悲剧的发生"。

苏联领导层的错误在于他们不应该过早地放弃自己的立场。"如果说在全民公决之后……能够执行一条强化联盟国家的路线,而不是追求'柔性的'联邦制、提议签署共同经济空间的新条约,那么分裂主义者们肯定是要失败的。"

苏联解体的主要原因是经济问题。国家发展得很快,拥有了自己的核武器,建立起了能够与美国相抗衡的军事集团,开始探索外太空并在很多领域实现了突破。"但同时各个生产领域都出现了衰落,尤其是在满足人们日常生活需要的物资问题上。"尽管国家领导层在改革初期就提供了一系列法律,试图通过市场的方式来刺激苏联经济的增长,但这些改革进行得太慢也很不彻底。

"经济改革进入了僵局:假如能够坚定地改善工业生产的话,就不会引发这样一场剧变,反而有可能促成国家与私人之间在中等规模工业领域的合作——特别是建立在市场经济的原则之上。"

首要的问题是"官僚经济体制",在这种结构下,追求利润是第一目标,同时也令企业失去了生产的积极性。"苏联之所以会垮台,内因是最主要的……经济领域出现的矛盾情况——苏维埃式的官僚经济体制与当时全球正在进行的科学技术革命是绝对不相容的。"这种不相容的关系使得所有的改革措施都无法产生积极的效果——改革开始得太迟了,根本无力

十五　普里马科夫思想对 21 世纪的意义

去改变事物的本质。在历史的长河中，这一刻所留下的景象给人的感觉是"一个与内部个人权利斗争相结合的独立时段"。

过度的单一性在这一刻发挥出了恶劣影响。"实话实说，在苏联解体的问题上，中央与各加盟共和国之间的关系也是危机之一。"苏联实际上是一个单一制国家，所谓的联邦制其实就只是一个幌子，是按照列宁有关"民族自决"的理论遗嘱构建的。国家最后走向解体，这个原因也发挥了自己的作用。

"如果认为 20 世纪 90 年代所发生的悲剧是完全按照美国人的剧本安排发展的，那是不正确的。起到最主要作用的，还是那些不称职的经济学家们，他们之前从未在实践中处理过有关国家经济的问题。"

关于联邦制

自苏联解体以来，新生的俄罗斯也开始面临领土被分裂的危险，在俄联邦的"21 个共和国当中有 19 个已经出现了反对俄联邦宪法的迹象，其中的鞑靼斯坦、巴什科尔托斯坦、雅库特和印古什都在本共和国的基本法中加入了反对宪法所规定的与中央之间关系的内容"。这样一种情况意味着已经产生了新的"主权崩塌"的危险。在传统俄罗斯地区甚至都已经出现了分裂主义的思想动向，比如远东地区以及乌拉尔地区的"共和国们"都出现了历史虚无主义的观点。俄罗斯必须要走出这个危机，但如果想要真正避免再一次发生国家崩溃的情况，就必须要找到合适的道路。

在联邦建设的工作中，最优先的项目自然是经济领域。"如果不能实现国家的再工业化、以创新性为基础的工业和农业生产，就不可能具有对地方施以影响的经济能力。"中央必须毫不犹豫地继续承担仲裁者和政治轴心的角色——简单地说，就是绝不能允许国家主权分裂的问题发生。但在经济生产领域，地方应该拥有更多的自主性。

生产能力应该较为均匀地在俄罗斯各处予以分配，这样才能够保证各个联邦主体之间正常的经济交流。"各地人口向经济中心流动，会阻碍流出地区的经济与社会发展。缺乏周密的国家发展计划将会在未来一段时间引发更大的问题。"

必须保障地方上的财政预算，放开他们的手脚。不仅需要注意避免地方财政出现赤字，还应该注意使"地方上拥有更多的可资利用的金融资源"。地方政府向中央政府索要预算担保，不但是行不通的，还是有害的。

具有战略意义的地区在新的经济结构中拥有特殊的地位。毫无疑问，任何一个地区、任何一个联邦主体和任何一块领土对国家而言都具有巨大的意义。但有一部分地区，由于其地理条件和战略意义对于新的经济发展模式具有更为特殊的意义。"重点战略地区承担着最为重要的任务，特别是远东地区和东西伯利亚。"这些地区承担着特别重要的一个任务，就是积极开展与俄罗斯周边的亚太地区国家之间的经贸往来。

"远东地区生产增长最大的困难在于劳动力的缺乏。"甚至有很多从各地来此的劳动者，之后还会返回自己的家乡。西伯利亚和远东地区的发展是俄罗斯经济发展结构调整中最应优先予以重视的问题之一。

北高加索联邦区以及克里米亚联邦区也同样面临相似的发展问题。俄罗斯政府中专门设立了一些"联邦级"的部门，它们的职责就是促进这些地区的经济发展。"这些部门必须推动落实中央政府所制订的各种相关计划，让相关部门完成自己的工作任务。"

政治上的中央集权意味着中央对各联邦实体执行中央政府命令的情况要予以必要的监督，但这股力量实际上是很弱的。也正因如此，各地之间的经济平衡情况很不乐观。但与此同时，俄罗斯各个联邦主体缺乏在财政预算上的自主权，特别是那些面积很大又远离莫斯科的地区，难免会产生政治上不够尊重中央政府权威的情况。

"在联邦主体与中央政府之间结束'财务会计立场'的做法，并不等于中央政府对地区和地方在预算支出问题上放弃监管以及打击日益严重的腐败行为。这种做法会促进各联邦主体的健康发展，而不会导致它们走上独立的道路。"

十六

普里马科夫的教益（暨结语）

我们是否还需要更多的信息，才能充分地理解普里马科夫对我们不久前所经历的历史起到多大的作用？他当时在复杂情况下所做出的很多决定，在今天的新形势下又有着什么样的意义？看起来，似乎没有什么继续深挖普里马科夫人生中某些不为人知故事的必要。人们渴望获得的是对普里马科夫在我国历史中所发挥作用的整体性评价。当然，历史上从未出现过这样的情况：即使生活在20世纪90年代那个"波涛汹涌"年代，却是一位绝对正确和绝对无可指责的政治家——迄今为止也依旧保持着威望极高、思维缜密且充满智慧的正面形象。在我们身处的这个时代——强硬和不可妥协已经成为领导人的行事风格，作为一名极有威望的政治思想领路人，普里马科夫对当代俄罗斯国家领导层的影响是巨大的。普里马科夫的影响力有可能持续超过四分之一个世纪。这是现实的吗？

如此看来，这也就解释了为什么至今为止都还没有关于

十六　普里马科夫的教益（暨结语）

普里马科夫个人传记的问世，哪怕是那些在苏维埃时期就已经成名的历史学家，以及与普里马科夫一同工作过或对他很了解的人也都没有写过。人们对这样一个在短期债券崩溃后迅速克服危机，在大西洋上空做出返航决定的政治家没有给出应有的评价。对于这个"挂满了英雄勋章的人"，不应该做出一个草率的评价：仅仅是因为普里马科夫是一个特殊的、不一般的人，他敢于面对错误的规则，而这些规则所造成的问题在他之后继续地发展，直至破坏了其本身的存在。这也就是为什么我们要纪念这位虽然身处那个糟糕的年代，却发出了积极的、光辉色彩的人。

与同时代的人相比，普里马科夫还有哪些过人之处？换句话说，身处这个复杂时代的我们，还能从他身上学到些什么？很有可能的是，普里马科夫的经验教益为我们看待现今的世界打开了双眼，告诉我们忽略了什么。

普里马科夫留给我们的第一个教益：普里马科夫以足够的证据向我们证明了一个无可置疑的客观规律，那就是不可能戴着"白手套"去从事大政治。普里马科夫的亲身经历告诉我们，拒绝这种方式不仅仅是被允许的，而且对于最高层的领导人来说，还是十分必要的，没有人不受道德伦理和义务的约束。今天我们所面临的实际环境，已经不再是思想落后于时代的问题，而是一种完全不同寻常、难以理解且不可思议的环境。我们很难相信那个一路飞升到了总理岗位的人有足够能力带领好现有官僚集团。我们认为，普里马科夫的工作表现可以用以下几个词来总结：果断、出色、正确、限制寡头、拯救人民、保卫国家尊严——决定在大西洋上空返航，怎么能认为他的事迹不值得予以讲述呢？因此，为了确保前文观点的可靠性，我们采用了尽可能完整的论据。

普里马科夫留下的第二个教益有关名誉和尊严，这是一个长期存在的问题，在现实政治中很难找到它的位置。如果我们留意一下普里马科夫的升迁经历，我们就会发现他自戈尔巴乔夫时代直至坐上总理位置，存在一个很不合理的情况。普里马科夫在从一个职位调任到另一个职位的时候从未大量地用过自己人，他就像一个"骑士"——从科学院到了对外情报局，又到了外交部及之后的岗位。跟随普里马科夫的，就只有他最亲近的两个助手——如果用"骑士"时代的概念，类似于"侍从"。如果说一个政治家做出有意识地拒绝"自己人"的行为，那就只能说明一点，他对自己的能力和行为是绝对自信的，并且做好了承担责任的准备。现在的政治家们都愿意打造一支自己的团队，原因其实很简单：人们都认为别人的团队是靠不住的——如果你被排斥出了所处的群体，那么你就有可能会被吞噬掉。但为什么普里马科夫没有被吞噬掉呢？他所处的那个时代与今天应该没有什么本质上的不同，政治运行模式都是一样的。如果需要的话，甚至应该在所在的群体中表现得弱小和迷茫一些，只有这样才能更好地保护自己。在群体生活中，强大和果断甚至是不需要的东西。是的，人们并不习惯于展现自己的实力。

十六 普里马科夫的教益(暨结语)

普里马科夫留下的第三个教益是他创造了一个政治家的孤例,这与他的第一个教益有联系性,他不喜欢和光同尘的方式,更愿意将原有的以及现在的志同道合者们聚集在一起。但是,这种与官僚体制运行方式有所不同的个人行事风格事实上是行不通的。带领自己的团队来到一个新的岗位上,与在新的岗位上从一张白纸开始扩建自己的团队完全不是一回事。最后还要说明一点,一个强大政治人物的团队并不是用来保卫个人安全的,而是为了确保不会发生意识不到的变故——或者说是为了以防万一,避免因某些未知的破坏行为而陷入困境,以及通过团队的力量来实现自己的政治目标,等等。特别需要指出的是,普里马科夫正是在自己的原则上建立起了与左翼力量广泛联合的反危机团队。这样的一支团队顶住了许许多多的压力,执行了一条遭到很多很有影响力的人的反对,但将国家经济尽快地挽救起来的路线。普里马科夫所搭建起来的联盟是建立在社会共识与多方支持的背景之下,因而起到了很好的作用。这就意味着人民获得了保障,而正是普里马科夫向人民提供了这样的保障。

普里马科夫留下的第四个教益:最高层级的政治家必须要拥有远大的目光和认真的态度,"七次努力的尝试总会有一次是失败的"。在发生了与反对者之间矛盾激化的情况时,不同那些恶棍、寻衅滋事者和霸凌者发生直接的对抗,但如果我们对普里马科夫在大西洋上空的返航事件尚有记忆的话,我们还能简单地认为他是这样的一个人吗? 是的,这件事也没什么了不起，对手只不过就是美国而已。那么美国又做了什么呢？全世界都在向这场打击塞尔维亚的战争提供军火之时，又有谁与这场战争的未来胜利者决裂而做出了返航的决定，尽管已经明知战事的最终结果，却一直坚持自己的方案——这是一目了然的。在这场斗争中，再也没有比普里马科夫所做出的决定更为坚决的了。

最后，我们要提出普里马科夫留下的最为重要的教益——可以将其称为正确的处理国际问题态度，现在我们通常将其称为普里马科夫理论。这个理论的核心内容就是强调在最大限度上争取本国的利益。普里马科夫在处理大的国际政治问题时，不论是在对外情报局，还是外交部部长以及政府首脑的位置上，采取的都是这种立场和方法。我们不应该忘记普里马科夫理论的一个重要组成部分：尽最大可能平等地考虑到反对者的利益，注意观察各个地区内的力量分布，在此情况下平等地对待各大国的利益。普里马科夫清楚一点，通过让步和妥协所能获得的是很多的。他明白，只有在领导人能够真正做到精心地运作，谨慎地行动，并走好每一步的情况下，国家利益才能获得有效地维护；要尊重伙伴国家的利益，而不能像大象闯进瓷器店一样。对于那些凭直觉处理国际事务，固执地忽视某些国家利益的人，普里马科夫予以了讽刺和批判，指出有很多政治家都因为冒险主义的行为而遭遇了失败。在所有外交上的胜利之中，很多都是采用彬彬有礼的方式获得的。普里马科夫的外交生涯留下了很多的经验和财富，直至今日，我们一定程度上

十六 普里马科夫的教益(暨结语)

仍在享受他不同时期的外交成果,正是普里马科夫让全世界开始习惯与新生的俄罗斯交往。毫无疑问,在历史中没有什么事情是会重复发生的,而历史的每一个新阶段都会与之前有所相似,但这种相似性往往是不可靠的。与此同时,当俄罗斯正展开优雅的、绅士般的外交,国内军工厂数量已经大幅地缩减了。其原因很明显,是迷信实用主义所造成的。但大政治是一门艺术,这就意味着其中夹杂着许许多多非理性的、主观感官的内容,而不只是冷冰冰的理性思考,尽管理性思考是不可或缺的。在全球迅速向多极化发展的背景下,各大国之间过去没有,现在也不是像骑士一样进行角逐。从某种角度看,历史在相当长的时间里都没有发生什么改变。普里马科夫的行事风格很像一名古代的骑士,也正因如此,他合乎逻辑地取得了重大的成就。

政治基因要求我们必须要认真地对待前人留给我们的教益……

译后记

叶甫根尼·马克西莫维奇·普里马科夫是后冷战时期俄罗斯的著名政治家、战略家，在俄国享有很高的声誉，其历史地位应不亚于帝俄时期的斯托雷平与维特等名相。虽然普里马科夫担任俄罗斯政府总理一职仅有不到两年的时间，但他却成功地将国家从苏联解体后最严重的危机之中挽救了出来，避免了俄政府的垮台与可能发生的国家再次分裂的悲剧。除此之外，普里马科夫在外交部部长以及政府总理任上所表现出的外交智慧也为其接任者提供了宝贵的遗产，他在很大程度上指明了已告别"两极体系"与"超级大国"身份的俄罗斯，应该如何应对崭新的全球战略格局，并在其中更好地维护自身的国家利益。

有关普里马科夫的专著，我国在20世纪90年代末便已引进出版，例如《普里马科夫的仕宦生涯》（2000年出版），但当时尚有很多历史材料有待考证，且人们对很多问题的认识和看法都还没有经历过历史的沉淀，因而存在不够成熟、客观与

译后记

全面的问题。进入21世纪之后，国内学界在研究俄当代政治人物时，主要将精力放在了俄联邦总统普京以及曾经在2008年至2012年担任总统职务的梅德韦杰夫二人身上，对包括普里马科夫在内的早期政治人物的关注度有所降低。从学术研究的角度分析，诸如普里马科夫、切尔诺梅尔金、卡西亚诺夫、亚夫林斯基、米罗诺夫、日里诺夫斯基、久加诺夫等诸多曾经或仍然活跃在俄罗斯政坛的政治家与思想家，对其国内政治与社会发展一直起着较为重要的作用，对他们人生经历与政治思想的研究是使我们更好地了解俄罗斯历史与现状的良好渠道。

普里马科夫著有多部回忆录，较为完整地反映出他在不同历史时期所参与过的重大历史事件经过及其对许多问题的看法，有助于研究者更好地了解他的生平与思想历程。目前普里马科夫所著回忆录在国内翻译出版的主要有：《大政治年代》（2001年出版）、《临危受命》（2002年出版）、《走过政治雷区》（2008年出版）。除此之外，国内还引进出版了两部普里马科夫对国际政治与国际关系所发观点的专著，分别是《揭秘：中东的台前与幕后》（2014年出版）、《没有俄罗斯世界会怎样？》（2015年出版）。当然，上述著作均以普里马科夫的第一视角展开，能够较好反映出当事人在面对重大历史事件时所持心态与决策过程，但通过第三方的观察与分析而后得出的结论往往更具客观性，于是，译者便有了翻译这部《生活与命运：普里马科夫传》的念头。

作为本书的译者，我与三位作者当中的德米特里·亚历山大洛维奇·安德列耶夫最为熟悉，他是俄罗斯国立莫斯科大学历史系的副系主任，也是俄著名历史学家罗伊·亚历山大洛维奇·麦德维杰夫的学术合作者与挚友。我与麦德维杰夫先生早在 2010 年前后便已结识，后经他介绍得以结识安德列耶夫副主任，最终酝酿而成就了本译著的出版合作。安德列耶夫长期从事俄国史以及俄政治现状问题研究，是俄罗斯国内知名学者，拥有较大的学术影响力，但他的相关研究成果目前尚未被引介进入中国，这不能不被认为是一个遗憾。希望《生活与命运：普里马科夫传》中文版的出版发行在帮助我们更全面地了解普里马科夫的经历与思想的同时，还能有助于国内学界加强对安德列耶夫以及其他俄罗斯学者的了解与认知，为两国学术界更加密切的交流与合作提供助力。

"南京大学亚太发展研究中心"简介

"南京大学亚太发展研究中心"是由"南京大学亚太发展研究基金"定向全额资助的一个对大亚太地区进行全方位、多层次、跨学科研究的机构。它致力于承担学术研究、政策咨询、人才培养、社会服务与国际交流等功能。依托亚太发展研究中心设立的"南京大学亚太经济合作组织研究中心"是教育部国别与区域研究备案研究机构。

该中心是国内首家以"发展"为关键词命名的综合性地区研究机构,秉持"立足中国、面向亚太、辐射全球"的开放理念,旨在探讨亚太及全球"政治发展"、"经济发展"与"社会发展"诸领域的重要议题,彰显"和平发展"与"共同发展"的价值取向,弘扬"人类命运共同体"这一崭新的全球价值观。

"中心"定期主办"钟山论坛"(亚太发展年度论坛)、"励学讲堂"等学术论坛,旨在推动国内外学界、政府、企业、社会之间的对话与交流。

"中心"主办的出版物有《南大亚太论丛》、《南大亚太译丛》等系列丛书,《南大亚太评论》、《现代国家治理》、《人文亚太》、《亚太艺术》等学术成果。此外还有《工作论文》、《调研报告》、《工作通讯》等多种非正式刊物。

通信地址: 江苏省南京市仙林大道 163 号南京大学仙林校区圣达楼 460 室南京大学亚太发展研究中心(210023)
电子邮箱: zsforum@nju.edu.cn
电话、传真: 025-89681655
中心网址: https://www.capds.nju.edu.cn
微信公众号: CAPDNJU

微信号:CAPDNJU

本土关怀暨世界眼光　　科学与人文并举
秉持严谨求实之学风　　学术与思想共生
倡导清新自然之文风　　求真与致用平衡